掌尚文化

Culture is Future

尚文化·掌天下

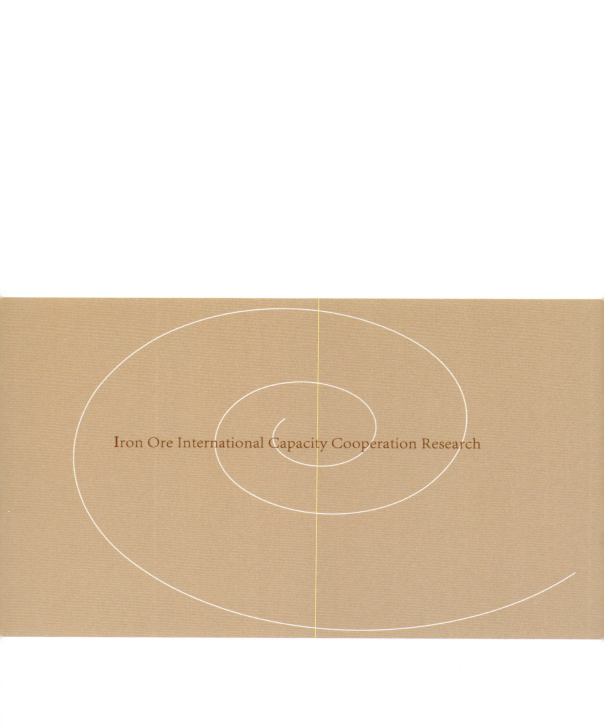

Iron Ore International Capacity Cooperation Research

IRON

铁矿石产能国际合作研究

于 果 ◎著

Iron

Ore

International

Capacity

Cooperation

Research

经济管理出版社
ECONOMY & MANAGEMENT PUBLISHING HOUSE

图书在版编目（CIP）数据

铁矿石产能国际合作研究／于果著. —北京：经济管理出版社，2021.5
ISBN 978-7-5096-8004-9

Ⅰ.①铁…　Ⅱ.①于…　Ⅲ.①铁矿物—生产能力—国际合作—研究—中国
Ⅳ.①F426.1

中国版本图书馆 CIP 数据核字（2021）第 100755 号

组稿编辑：张鹤溶
责任编辑：杨　雪　张鹤溶
责任印制：黄章平
责任校对：董杉珊

出版发行：经济管理出版社
　　　　　（北京市海淀区北蜂窝 8 号中雅大厦 A 座 11 层　100038）
网　　址：www. E-mp. com. cn
电　　话：（010）51915602
印　　刷：唐山昊达印刷有限公司
经　　销：新华书店
开　　本：720mm×1000mm /16
印　　张：12
字　　数：161 千字
版　　次：2021 年 7 月第 1 版　　2021 年 7 月第 1 次印刷
书　　号：ISBN 978-7-5096-8004-9
定　　价：88.00 元

前　言

钢铁行业作为国民经济的"骨骼",其产业运行周期与宏观经济的脉动密切相关,同时也直接影响国民经济的平稳运行和健康发展。"一带一路"倡议的提出,为我国调整配置海外铁矿石资源供给渠道和方式、开展铁矿石国际产能合作提供了新的战略机遇。由于现有的铁矿石投资评价方法和资源配置方式难以考察相关不确定因素的存在对投资的影响,无法考虑铁矿石投资中灵活性价值及其所包含的战略性因素,并且现有研究对于"一带一路"发展倡议的宏观背景考虑得也较少。本书提出了在复杂条件下的铁矿石投资评价方法,结合"一带一路"共建原则、框架思路和我国的实际情况,建立了钢铁需求模型和铁矿石投资评价模型,并在我国的铁矿石进口需求规模和铁矿石投资评价两个方面进行了一系列的研究,研究取得如下主要成果和认识:

第一,从供给侧结构性改革的视角切入,基于 Verhulst 模型并结合产业经济学相关理论、钢铁需求预测模型、铁矿石外商直接投资相关理论(垄断优势理论、交易成本理论、比较优势投资理论、中国铁矿石资源供应安全的 PSR 机理),分析国内外因素尤其是国际反倾销、国内去产能以及废钢贸易等对钢铁供给的影响,建立了新的钢铁供给模型及我国铁矿石进口需求模型,根据模型计算我国钢材需求量的峰值将在 2022 年达到 9.27×10^4 万吨。结合世界钢铁协会(2020)的预测数据,2021~2025 年,中国钢铁消费市场将为 9.71~11.32 亿吨。根据 GM(1,1)模型预测可知,到 2025 年中国的铁矿石资源进口量约为 20.26 亿吨。

第二，从"一带一路"沿线国家的铁矿石资源整体储量和开发政策的角度，对各方合作具备现实必要性与可行性进行了研究。我国铁矿石资源十分短缺，由此也产生了巨大的进口需求，在相关政策上我国也实施了鼓励铁矿石勘探、开采技术创新与加强对外进口等一系列政策。"一带一路"国家的铁矿石资源整体储量较大，其对于铁矿石资源的开发与出口整体上以认可或鼓励态度为主，因此能够为推动"一带一路"各国铁矿石资源贸易的开展创造有利条件。在"一带一路"倡议的合作框架下中国与"一带一路"沿线上的铁矿石出口国进行铁矿石国际产能合作利弊并存，但对各方而言铁矿石国际产能合作的正向效益是主流，负效益较小且能够通过多种方式弱化或规避。因此，从合作的需求与效益层面来分析，各方合作具备现实必要性与可行性。

第三，针对纯进口合作模式、合资投资进口模式、海外并购进口模式分类建立了风险评价模型。研究表明，"一带一路"背景下纯进口合作模式的风险整体上处于"一般"且偏向"较小"的状态；合资投资进口合作模式的风险整体上处于"一般"且偏向"较小"的状态，风险评价得分小于纯进口模式；海外并购进口合作模式的风险整体上处于"一般"且偏向"较大"的状态，风险评价得分大于纯进口模式、合资投资进口模式。

第四，针对当前"一带一路"背景下铁矿石国际产能合作现状，提出了中国铁矿石产能国际合作的安全布局战略，具体包括：国内铁矿石资源开发战略，海外铁矿石资源开发战略，铁矿石替代资源发展战略，铁矿石资源储备战略。"一带一路"背景下中国铁矿石供应安全的策略包括：积极应对国际铁矿石垄断化趋势，加强对国际铁矿石金融化趋势的应对，不断严格国际铁矿石出口标准，逐步改变国际铁矿石的不公正贸易秩序。

本书得到了中国地质大学（北京）张寿庭教授的大力支持，在此，对张寿庭教授及其团队表示感谢。同时，也对中国地质调查局发展研究中心和中原工学院经济管理学院在调研与数据分析中给予的配合和信任，致以深深的谢意！衷心希望本书可以为广大资源产业经济领域的学者提供参考和借鉴。限于水平、时间有限，本书的疏漏和谬误在所难免，恳请广大读者批评指正。

于果

2021 年 1 月

目　录

第七章
"一带一路"背景下中国铁矿石产能国际合作的安全布局分析 ·················· **143**

第一章

Chapter One

绪　论

第一节　研究背景

作为一种战略性资源，铁矿石的供应安全性直接影响到国际、国内社会的稳定，也同样对全球的贸易发展与贸易安全带来深远的影响。因此，对于铁矿石资源的国际合作长期以来一直是各国关注的重点，而在"一带一路"背景下探讨中国的铁矿石国际产能合作更是要具有重大的社会背景环境。

一、国际宏观背景

在一国经济的发展过程中钢铁产业不仅作为一个产业形式而存在，同时也是其他产业发展的基础性支撑。在建筑、军工、机械制造、石化等诸多方面均对钢铁产品有较大的需求。尤其是我国正处于现代化建设的攻坚阶段，钢铁产业的发展对于推动整个国民经济的快速发展具有十分重要的作用。目前，钢铁产业也被用于衡量一国工业化发展水平与国家经济发展水平的重要指标。而从全球来看，未能够实现工业化发展的国家数量较多，这些国家对于钢铁及其制成品具有较高的需求。虽然钢铁产业本身国际化、市场化已经非常成熟，其战略性在全球整体和平发展的环境下有所弱化，但其近期与远期的战略重要性在国际上仍然得到一致认可。

当前在国际上铁矿石资源较为丰富的国家主要包括澳大利亚、俄罗斯、中国、巴西、乌克兰、哈萨克斯坦等少数国家。图1-1是2020年全球铁矿石资源储量排名前四位国家的铁矿石探明储量数据，从图中数据可知：全球铁矿石高度富集在澳大利亚、俄罗斯、中国、巴西，其中以澳大利亚、巴西所占比重最为显著。全球铁矿石的高度富集使得少数国家掌握了全球铁矿石贸易的定价权,从而使得全球铁矿石贸易市场进入到寡头垄断的状态。在这种国际贸易格局下,对于全球任何一个进口国而言,其铁矿石的进口均存在进口目的地单一以及定价话语权缺失等风险。这就使得进口国在铁矿石贸易中处于被动地位,一旦国际形势发生变化(如出现战争或重大自然灾害等)将对铁矿石进口国的进口安全造成极大的不确定性风险。

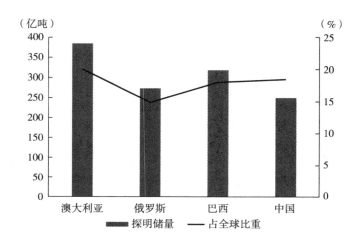

图1-1 2020年全球铁矿石探明储量前四位国家的铁矿石储量

资料来源:美国地质调查局(USGS)官方网站公开数据。

当前,"一带一路"沿线国家共有65个,其中除中东欧国家以及新加坡外,其余国家正处于社会经济发展的重要起步或转型发展阶段。在这一阶段,这些发展中国家对于铁矿石的需求量十分巨大,而当前全球铁矿石贸易又高度集中在澳大利亚与巴西等国的企业手中。这就使得"一带一路"沿线国家在铁矿石资源进口上存在较大的不确定性风险,由此也增加了这些国家的经济发展风险。在此背景下,"一带一路"沿线国家进行铁矿石产能合作,实现"抱团取暖"与优势互补是当前铁矿石资源国际贸易格局下的优化选择。"一带一路"沿线国家正处于经济发展的不同阶段,其中部分国家的铁矿石资源产量大于本国市场需求量但却无法寻找到合适的国际买家；与此相对应的是"一带一路"沿线部分国家有巨大的铁矿石需求量却无法寻找到更为多样化的进口市场。因此，"一带一路"沿线国家相互调节铁矿石产能，实现合作发展，符合"一带一路"沿线国家的整体发展利益。

二、国内背景

在我国当前的发展背景下加强对铁矿石资源的进口，是缓解我国国内铁矿石资源供应不足、降低铁矿石资源开采对环境所造成的压力的重要选择。但是，在我国的传统铁矿石进口模式中还存在一系列的问题，这些问题的存在对我国铁矿石的进口安全造成了巨大的威胁。

目前，在国内现有生产水平与资源储量下，国内铁矿石供应还无法完全满足钢铁产业发展的需求。为此，加强对铁矿石资源的进口成为解决上述问题的关键所在。但是，受到传统铁矿石出口企业垄断竞争的影响，我国铁矿石资源的进口一方面存在巨大的安全隐患，另一方面还必须承担较大的成本压力。因此，寻找我国铁矿石资源新的进口渠道，从而完善铁矿石产能国际合作成为时代发展的必然选择。2013 年我国首次提出"一带一路"倡议，并逐渐成为解决我国经济发展问题的重要突破口，也彰显了我国以更深层次参与国际经济合作的信心与责任感。铁矿石产能国际合作作为中国参与全球经济一体化的方式，利用构建"一带一路"的契机充分发挥中国的自身优势，实现我国铁矿石供应的安全性与经济效益，成为当前中国钢铁经济发展的研究重点之一。

第二节　研究目的与意义

一、研究目的

在经济新常态的发展背景下，我国的经济发展进入到转型升级期，钢铁产业作为国民经济发展的支柱性产业，如何实现其发展的转型升级成为不可回避的问题。在我国钢铁产业的发展中，铁矿石原料供给一直是其中存在的主要问题。由于我国铁矿石的品质较低，因此对国内铁矿石资源的开采和利用所造成的环境污染也较为严重。从国际层面来看，铁矿石资源进口渠道的单一化与定价权的丧失，也使得我国的铁矿石原料进口存在严重的制约。"一带一路"倡议的提出，为我国的铁矿石产能国际合作开辟了新的局面。在此背景下进行研究的目的在于：第一，明确我国当前的铁矿石资源需求量与未来一定时间内的需求预测数据，从而为铁矿石产能国际合作提供基础资料；第二，探讨"一带一路"背景下铁矿石产能国际合作的可行性与具体战略选择；第三，构建新常态下我国铁矿石的需求模型；第三，根据"一带一路"沿线国家环境管理的制度和要求，对矿山生态环境修复指标进行量化，建立环境修复成本模型。

二、研究意义

铁矿石资源的供应安全直接关系着国家经济可持续发展的安全，保障我国铁矿石资源供应安全，必须首先掌握我国在铁矿石资源储量、资源特性、资源供应安全上的相关影响因素。同时，全面分析中国当前的钢铁产业发展现状、预测其发展趋势和未来需求量，是研究我国铁矿石资源供应安全问题的基础性内容。在此基础上，从系统的角度分析和建立中国铁矿石资源供应的结构模型、铁矿石资源供应安全评价体系、铁矿石资源供应安全的评价方法，并针对未来中国钢铁产业发展要求和对铁矿石的需求，系统地对中国铁矿石资源供应安全影响因素进行分析，找出影响中国铁矿石资源供应安全的关键因素，从而提出"一带一路"背景下铁矿石产能国际合作的可行性与具体战略选择，为国家制定保障铁矿石资源供应安全相关政策提供依据，从战略上制定打破国际铁矿石三大巨头对我国铁矿石资源供应垄断化和金融化的相关措施。因此，深入中国铁矿石资源供应安全研究，预测未来铁矿石需求、分析铁矿石资源供应安全的影响因素、评价体系、评价方法，探讨"一带一路"背景下铁矿石产能国际合作，对保障中国铁矿石资源供应安全的实践具有重要的意义。同时，作为专项矿产资源的供应研究，本书对于研究我国其他矿产资源供应安全也具有一定的理论借鉴意义。

第三节 国内外文献研究综述

一、国外文献研究综述

1. 国外"一带一路"矿产资源国际合作研究

西方社会在全球经济与贸易活动中的开展历史较早，其经济发展与全球市场的联系十分密切。在此背景下，西方学者与相关机构对于矿产资源国际合作问题的研究也开展较早。其中，中国作为全球人口规模最大的国家，在全球矿产资源合作中具有重要的影响性地位。所以，在研究矿产资源国际合作问题时，中国一直是其中的焦点。在"一带一路"倡议提出后，西方学者对于中国的矿产资源国际合作研究更为重视，但当前的研究多集中在地缘政治领域。

香农蒂耶齐（2014）认为，随着中国的崛起，中国版的马歇尔计划——"一带一路"倡议，是中国将经济触角伸向欧洲的重要措施，对于美国的全球领导地位形成了一定的影响。

尤里·塔夫罗夫斯基（2014）指出，"一带一路"一方面是中国在矿产资源上与其他国家之间的合作，另一方面也是恢复其"霸权"的战略措施。"一带一路"倡议的提出表明了中国在矿产资源合作上的强硬姿态。

彼得阿科波夫（2015）认为"一带一路"倡议的提出将进一步密切中国与欧洲国家之间的关系，尤其是将促进欧洲、中国以及俄罗斯三者之间的联系，从而促进区域经济的发展。

德报（埃林，2015）认为，"一带一路"在提升中国的国际地位上起到了较好的强化作用，有助于中国更好地展示大国地位。同时，报道也指出"一带一路"对欧洲也具有积极的促进作用，能够帮助欧洲国家更好地利用中国巨大的市场以实现发展。

王赓武（2015）指出，中国政府提出的"一带一路"倡议能够深化中国与东南亚国家之间的联系，促进亚欧国家之间的深入合作。同时，通过上述方式中国能够更好地对抗美国在亚太地区的影响力。在中国政府提出的"一带一路"倡议中，矿产资源合作是其中的主要内容，通过矿产资源合作中国能够实现工业发展的原材料供给，而其他国家能够实现将资源优势转化为经济优势，最终实现双赢。

目前，在"一带一路"倡议的研究中，国外学者的研究一方面从国际政治关系的层面进行探讨，另一方面则从石油、铜矿、铁矿等方面分析。相关研究整体而言多以定性探讨为主，研究时间周期多为当期问题，多数研究深度不足。

2. 国外"铁矿石产能国际合作"研究

目前，国外学者一般从价格、进出口状况、供求三个方面来研究铁矿石产能国际合作问题。学者们普遍认为当前全球的铁矿石需求量在不断地上升，同时全球供给能力也在不断地扩大。

Drysdale、Hurst（2012）认为随着勘探技术的进步，非洲越来越多国家的铁矿石资源被发现，而在开采技术进步的背景下，非洲的铁矿石资源在未来5年内将得到较大的开发利用，这对于缓解全球的铁矿石供求矛盾、抑制铁矿石价格上涨具有重要的促进作用。

Chen等（2015）基于产能扩张视角研究了中国的铁矿石进口需求问题，并指出中国经济的快速发展使得中国对于铁矿石资源的需求量整体上在不断地扩大。作为全球的主要铁矿石出口国，澳大利亚与巴西均能够从中获益。

Olle Stensson（2015）认为，在资本与技术的双重带动作用下，铁矿石的生产效率得到了较大的提升，由此提高了铁矿石生产商的产出效率。但是，这种效应对于主要铁矿石进口国而言是否也具有促进作用还存在较大的不确定性。

Kirk（2004）、Menzie、Chinn、Hiro Ito（2008）等指出中国已经成为全球最大的铁矿石消费国，但在全球铁矿石贸易利益分配上中国还处于劣势，同时，中国的铁矿石资源进口也使得全球铁矿石价格有了较大幅度的上升。

Bhattacharyya（2012）研究了中国与印度之间的贸易问题，并指出要防范全球铁矿石价格异常上升，必须对铁矿石价格结构进行合理优化，从而能够做到全球供给与需求的动态平衡。

Yahav、Kaplinsky、Glatstein（2015）认为随着中国进口铁矿石的价格不断上升，使得中国工业制成品的价格有所上升。这就使得中国的国际外贸环境有所恶化，影响了中国的对外贸易活动开展。

Lundmark、Babri（2017）构建了全球铁矿石贸易供需模型，对全球铁矿石贸易格局进行划分与分析。同时，以中国为对象分析了影响中国铁矿石进口的多个变量因素，以此来分析中国铁矿石进口的国际、国内影响。

Gallagher、Porzecanski（2017）分析了中国与拉美国家之间的

商品贸易问题，并指出中国的发展是双方贸易发展最为主要的影响因素。而在中国与拉美的贸易过程中，拉美地区约有 54% 的铁矿石资源被中国企业购买，中国的大量需求使得拉美国家的铁矿石价格出现了较大幅度上涨。

Wilson（2017）评估了中国的资源安全政策对于亚太地区铁矿石进口环境的影响，并指出当前中国的铁矿石投资政策与卡特尔联盟并未真正改善中国的铁矿石进口环境，铁矿石价格上升的趋势未能够得到缓解。

Horák、Pustovyy、Babinskyi（2017）以当前主要的新建铁矿石开发项目为对象，分析了全球铁矿石价格的走势问题，并认为从长远来看铁矿石的价格将高出目前 20% 以上的水平。这就使得中国的铁矿石进口需要承担较大的成本压力，而寻找更多的铁矿石进口替代国以确保铁矿石进口价格稳定是中国企业必须考虑的问题。

在研究国际铁矿石产能合作的过程中，学者对铁矿石供需关系中的铁矿石需求预测问题进行了大量的探讨。目前，铁矿石国际产能合作的相关研究模型主要包括：铁矿石需求预测明显、钢铁产品消费量预测模型、经济发展预测模型等。这些模型的研究为更为全面地探讨铁矿石产能国际合作提供了参考。

二、国内文献研究综述

1. 国内"一带一路"矿产资源国际合作研究

2013 年中国国家主席习近平提出了"一带一路"倡议，一度成为学术界关注的焦点。以中国知网为载体，截止到 2020 年 12 月 31 日，知网上能够检索到的与"一带一路"话题相关的文献达到 9700 篇以上，具体涉及的领域则包括经济、能源、国际安全、国际政治关系、外交等多个领域。但是，以矿产资源开发合作为主题的研究较少，而以矿产资源中的铁矿石产能合作为主题的研究则更少。2015 年中国产业网载文指出"一带一路"倡议为中国企业开展国际矿产资源合作提供了契机。

于左（2015）利用定量分析法与宏观环境分析法，评价了在当前环境下我国铁矿石进口定价权丧失的问题。作者认为当前开展"一带一路"矿产资源国际合作，对于我国的铁矿石进口危机具有十分重要的意义，此外，对于提高我国钢铁企业的发展能力也具有直接促进作用。

刘大文（2015）指出，我国的铁矿石需求虽然在持续增长，但整体上已经进入到低增速阶段。"一带一路"沿线国家的铁矿石资源储量相对丰富，与国外在资源合作上有较高的互补性。同时，我国与"一带一路"沿线各国的政治关系整体较好，这为我国与"一带一路"各国开展铁矿石产能合作提供了需求基础与政治关系基础。

2015年3月，我国在博鳌亚洲论坛上公布了"一带一路"政策文件，在本次会议上，全球近50个国家表示有意愿参与"一带一路"。主要的成员国包括俄罗斯、沙特阿拉伯、伊朗、埃及等中东国家，以及越南、老挝、泰国等东南亚国家。这些国家认为"一带一路"发展倡议以经贸合作为主，符合各方利益以及各方长期以来的历史合作文化，同时，合作的内容又不局限于简单的经贸合作，因此合作的领域与空间更大。

于慧（2016）借助GSADF模型探讨了在多种因素影响下的铁矿石价格波动问题，并指出中国当前的宏观经济整体上在持续发展，这将对铁矿石进口形成持续的需求。但是，由于供应方较为单一，使中国的铁矿石进口价格存在较大的波动。为此，作者在最后的建议中提出可以借助"一带一路"等多种有利条件来拓宽中国的铁矿石进口渠道，从而提高我国的铁矿石进口战略安全。

邱语（2019）采用社会网络分析方法（SNA）分析了"一带一路"沿线60个国家铁矿石贸易的空间结构及影响因素。结果表明：铁矿石贸易网络密度较低，中国、俄罗斯、乌克兰和印度是贸易网络的稳定中心节点；在2017年的贸易网络中，中国、土耳其等国家起到了传递网络信息的桥梁作用，俄罗斯、印度、乌克兰等国家主导整个网络走向；铁矿石贸易网络的主要影响因素包括国家间陆地相邻、共同文化背景、制度差异程度，而与国家间地理距离，经济发展差异相关性不大。

2. 国内"铁矿石产能国际合作"研究

在我国工业化与城镇化快速发展的过程中，我国的钢铁产业整体上得到了巨大的发展，与此同时我国对于铁矿石的需求量也在迅速增长。但是，在国际铁矿石贸易市场中我国长期处于被动地位，在铁矿石供应安全与供应价格上承受着较大的压力。针对我国在铁矿石进口上所存在的问题，国内学者开展了大量的研究。

第一，国内铁矿石资源需求缺口与供给。根据我国当前的铁矿石存储量与品位情况来分析，众多学者均认为我国新增加的铁矿石需求必须依赖进口来满足，而当前世界市场中铁矿石供不应求的局面短期内不会发生改变。王骏、杨波、余子鹏（2005）建立了基于经济学的铁矿石供需模型并分析了中国的铁矿石缺口规模，同时通过论证指出我国在铁矿石进口上还存在较为突出的盲目性现象。刘树臣、崔荣国、马建明（2011）以国内外的钢铁产业为基准点，分析了钢铁工业、铁矿石进口等贸易问题，并预测未来全球的铁矿石供应整体上将由供不应求转变为供需相对平衡的状态。朱永光、徐德义、成金华（2017）以全球金融危机后的铁矿石产销现状为基础开展研究，指出除中国外其他主要铁矿石进口国在金融危机后均出现了进口规模明显下降的情况。由此表明中国市场对于铁矿石的需求量整体上较为平稳，这也使得部分铁矿石出口商认为中国、东盟市场对于世界市场依赖较大，因此使得主要铁矿石出口商长期以高价出口铁矿石。

第二，铁矿石贸易的价格机制和定价权研究。近年来，全球的铁矿石价格整体上处于持续上升的趋势，我国虽然是全球主要的铁矿石进口国，但在铁矿石的价格设计上却存在严重不足。为此，国内学者对改善我国的铁矿石定价权开展了大量的研究。在研究的过程中，主要从各国铁矿石的贸易制度、运输特点、国际政治环境等方面进行探讨。通过研究，学者们普遍认为在铁矿石进口贸易中国际出口商的垄断优势较大，而铁矿石的进口主体较多，这就使得进口方在与出口方进行价格判断时缺乏优势。邓超、袁倩（2016）建立了基于我国铁矿石进口现状与需求的铁矿石定价机制模型，并指出影响我国铁矿石进口成本的因素主要包括全球市场的供需关系、各国的海关关税、港口存储成本等。

第三，铁矿石进口的效应研究。受到我国钢铁消费市场与国内铁矿石资源存储量等客观因素的影响，我国的铁矿石供应长期处于供不应求的局面，这就使得我国的铁矿石使用成本不断上升。当前的主流观点均认为铁矿石价格的上涨对于我国与钢铁相关的下游产业造成了较大的不利影响。司晓悦（2006）等指出，由于中国缺乏对国际铁矿石进口的定价权，这就使得中国钢铁企业的发展受到严重限制且会进一步传导到整个经济发展系统中。程继川、杜立辉（2010）指出，进口铁矿石价格的上涨使得我国钢铁企业的利润持续下降，并增加了相关钢铁原料产业的发展压力。于慧（2016）利用 GSADF 模型阐述了铁矿石价格上涨对中国地区发展、居民生活成本变化以及宏观经济发展稳定性的影响，指出铁矿石价格上涨所带来的负面影响较多。张帅、连民杰（2017）认为，我国之所以丧失对铁矿石资源的国际定价权，是与我国缺乏铁矿石海运贸易物流体系有密切的关系，由此导致了我国的铁矿石贸易损失较大。为此，加强我国的铁矿石海运贸易物流体系建设，对于提高我国的铁矿石话语权具有十分重要的意义。钟代立、胡振华（2017）对铁矿石价格上升所形成的连锁效应进行了探讨，并指出铁矿石价格上涨影响到我国机械、轻工、建筑、汽车、造船等多个行业，从而使得各行各业的发展面临着更多的挑战。整体而言，当前学术领域在分析铁矿石贸易问题时多采用进出口贸易模型、供需模型来进行探讨，并将博弈论应用于各方的利益博弈中。目前，学术界主流观点认为，铁矿石贸易处于供求长期不平衡、双头垄断市场的局面，由此导致进口国丧失定价权。针对上述问题，不同学者均提出了相关建议，但是，研究的对象多局限于少数贸易国家，着眼于铁矿石贸易全局性研究的还相对较少。

我国学者在研究铁矿石产能的国际合作问题时，为提高研究的科学性与实践应用价值，对我国未来的铁矿石需求问题也进行了大量的探索，并通过对未来需求的预测来为当前的铁矿石产能国际合作提供策略制定的参考依据。由此，为具有战略性的铁矿石产能保障政策制定提高保障。因此，我国学者在铁矿石产能合作的经济发展、铁矿石消耗企业的产品市场消费发展情况以及中国国内铁矿石远景生产情况等领域进行了大量的预测性探讨。

第四节 研究内容

本书的研究内容如下：

第一，中国铁矿石资源供给与需求现状。本书从中国宏观经济发展现状与趋势、宏观经济发展背景下的钢铁产业发展现状、中国国内铁矿石供给现状、中国铁矿石资源对外需求等角度分析我国当前的铁矿石供需环境。

第二，"一带一路"国家铁矿石资源储量与开发政策。本书从中国铁矿石资源储量与开发政策以及"一带一路"沿线国家铁矿石资源储量与开发政策的层面来进行探讨各国的铁矿石资源进出口态度。

第三，"一带一路"背景下铁矿石产能国际合作效益分析。本书从"一带一路"沿线各国开展铁矿石产能国际合作的直接经济效益、间接经济效益、铁矿石产能国际合作的负效应等角度来进行探讨。

第四，一带一路"背景下铁矿石产能国际合作模式的风险分析。本书从铁矿石产能国际合作的模式、纯进口合作模式风险评估、合资投资进口合作模式风险评估、海外并购进口合作模式风险评估等角度来进行探讨。

第五，一带一路"背景下中国铁矿石产能国际合作的安全布局分析。本书从对中国铁矿石供应安全的意义、中国铁矿石资源供应的具体安全战略、"一带一路"背景下中国铁矿石供应安全的策略等角度进行探讨。

第五节　研究方法与技术路线

一、研究方法

本书研究的主要方法包括以下几种：

1. 文献分析法

在本书研究前对其他学者在该领域的研究状况进行了总结分析，是科学研究的主要环节。在对"一带一路"背景下铁矿石产能国际合作研究问题进行研究时，通过对相关文献的查阅能够获知当前学术界在该领域的研究现状，这就能够为避免简单的重复研究做参考。同时，对其他学者在研究中所提出的一些有用方法与结论进行分析，能够为拓展本书的研究思路以及丰富本书的研究方法做出贡献。因此，借助学校提供的纸质与电子文献数据库，对铁矿石产能国际合作研究问题相关的文献进行分析，能够促进本书研究的全面性与效率。

2. 定量分析方法

第一，灰色预测模型法。灰色预测模型是在少量样本的情况下，来预期某一研究指标未来的发展状况的常用工具（容静、文鸿雁、周吕，2017）。灰色预测模型 G（1，1）如下：

$$\hat{x}_{(1)}(m+1) = \left[x_{(0)}(1) - \frac{\hat{u}}{\hat{a}}\right]e^{-\hat{a}m} + \frac{\hat{u}}{\hat{a}} \quad m = 0, 1, 2, 3, \cdots, n$$

其中，$\hat{x}_{(1)}(m+1)$ 表示的是计算后求出的预测数值；$x_{(0)}(1)$

代表样本数据的第一个数值；$\hat{a}$、$\hat{u}$ 均为灰色参数。

第二，定量评价战略矩阵法。定量评价战略矩阵（QSPM）遵循定量分析的思路，对目标对象的不同发展方案进行分析以确定最符合组织发展要求与组织资源能力现状的战略方案。同时，对各可行性方案在促进组织发展战略实现上的意义进行探讨，从而明确哪个可行性方案对于组织的吸引力最大，从而为实现基于客观数据评价的目标对象提供战略决策参考（吴思聪，2017）。在QSPM 矩阵的构建中具体应当做好以下工作：

①利用 SWOT 分析法对目标对象在实施战略决策时所具有的优势、劣势、机遇与存在的威胁因素进行汇总分析。②求出影响战略决策的各因素权重值。③借助 SWOT 矩阵找出可备选的战略方案并填入到 QSPM 矩阵中，在进行方案评价时必须假设不同方案之间具有互斥性，不能同时选择多个方案。④计算对战略选择所产生影响的各因子权重，也称各因子的吸引力评分（AS），并由评分的大小来判断该方案是否符合组织的战略发展需求。在对吸引力进行评分时一般依据各因素对战略实现所具有的正向促进作用为依据，如果认为某些因素的存在对于战略制定不存在影响，则可以将各因素剔除。将各因素的吸引力分为四个等级，以此为：基本没有吸引力——1 分、有一定吸引力——2 分、有很大吸引力——3 分、有强大吸引力——4 分。在进行吸引力评价时必须对各因素进行逐一评价，以确保评价的全面性。⑤汇总各方案的总吸引力评分（TAS）。通过对各方案子因素的吸引力评分进行汇总，可以得到该方案的总吸引力评分。随后，对各方案的吸引力评分进行对比分析，得分越高表示该方案对于实现战略方案所具有的促进作用越明显，而该方案也成为战略实施的首选方案。⑥吸引力总评分（STAS）。在得出各个方案的总吸引力评分后，对各评分进行汇总相加得出吸引力总评分并除以方案数量，由此得出各方案的平均吸引力得分。在明确各方案的平均吸引力得分后，分析各方案吸引力得分与平均分之间的差距，若高于平均分则表示该方案对于战略的实现也具有一定的促进作用。由此，可

以确定战略实施的备选方案。

第三，模糊综合分析法。20世纪60年代，查德教授在分析经济活动时发现，有大量的现象是无法完全定性、定量评价的。但是，这些现象对于反映经济活动的规律与特点又有十分重要的作用。在此背景下查德教授提出了模糊综合分析法，将定性评价与定量评价进行结合（孙雷，2011）。该方法提出后受到了多个领域学者的认可，并在长期的实践应用中得到发展与完善。在对某项活动进行评价时利用模糊综合评价法从以下两个方面入手：一是对于评价因子进行单独评价；二是将所有的评价因子进行综合评价，得出整体评价结果。模糊综合评价法的具体应用步骤如下：

（1）建立因素集。在实际评价中，被评价的对象会受到多种因素的影响，而将这些影响因素归集在一起时则会形成影响因素集，以X来表示该集合，则有：

$$X = \{x_1, x_2, \cdots, x_m\} \qquad\qquad 式（1-1）$$

式（1-1）中 x_i 代表了每一个具体的影响因素，但受到这些影响因素自身特性的影响，无法直接定量化表达。

（2）建立权重集。在实际问题中，每一个影响因素在不同的时间与空间环境下其作用性并不一样，如水与食物在不同时空下对于人的作用存在显著差异。因此，就必须根据实际问题的需要与特点来评价不同因素的重要性。这种重要性对于被评价对象而言就是一种权重，权重越大，其对被评价对象的影响越大。将每一个影响因素的权重值进行集合后则形成了权重集，以A来表示，则有：

$$A = (a_1, a_2, \cdots, a_m) \qquad\qquad 式（1-2）$$

式（1-2）中 a_i 代表了每一个具体影响因素的权重值，当前在确定 a_i 值上有两种方式：一是主观评价，二是模型计算评价。不同的权重赋值对后续的评价结果也会产生差异。

（3）建立评价集。评价集则是将所有同一层级的评价结果进行集合的一个数量集，以Y来表示，则有：

$$Y = (y_1, y_2, \cdots, y_n) \qquad\qquad 式（1-3）$$

式（1-3）中，y_i 代表了每一个具体的评价结果。

（4）单因素模糊评价。单因素模糊评价是指以某一因素作为唯一考虑的内容进行评价，假设对单因素 x_i 进行评价，对评价集中的 j 的隶属度为 r_{ij}，则有单因素的评价 R_i 集：

$$R_i = (r_{i1}, r_{i2}, \cdots, r_{in}) \qquad 式（1-4）$$

则可得单因素评价矩阵 R 为：

$$R = \begin{bmatrix} r_{11}, & r_{12}, & \cdots, & r_{1n} \\ r_{21}, & r_{22}, & \cdots, & r_{2n} \\ \vdots & \vdots & \ddots & \vdots \\ r_{m1}, & r_{m2}, & \cdots, & r_{mn} \end{bmatrix} \qquad 式（1-5）$$

（5）模糊综合评价。在现实生活与工作中，影响某一事物的因素往往较多，如影响一项决策的因素既包括外界宏观因素，也包括内在的自身因素。由此，单因素评价往往无法满足现实需求。要对被评价对象做出更为准确的评估，以更好地指导实践活动，则必须对被评价对象的多种影响因素进行考虑，从而得出更加科学与符合实际情况的评价结果。这种多因素的模糊变量评价则是模糊综合评价法。在对被评价对象进行模糊综合评价时，对各个影响因素进行赋权则是其中的关键环节。在对各影响因素进行赋权时应当根据影响因素的重要性来合理赋权，赋权后则可以得到如下结果：

$$B = (a_1, a_2, \cdots, a_m) \times \begin{bmatrix} r_{11}, & r_{12}, & \cdots, & r_{1n} \\ r_{21}, & r_{22}, & \cdots, & r_{2n} \\ \vdots & \vdots & \ddots & \vdots \\ r_{m1}, & r_{m2}, & \cdots, & r_{mn} \end{bmatrix}$$

$$= (b_1, b_2, \cdots, b_n) \qquad 式（1-6）$$

式（1-6）中，B 即为模糊综合评价集，$b_j = \bigcup_{i=1}^{m} (a_i \cap r_{ij})$ 为模型的评价指标。求得 b_j 后可以再根据最大隶属度法、模糊分布法等方法对结果进行具体的评价与分析，进而得出被评价对象的评价结果。

3. 系统分析方法

科学研究是一种系统化的研究，对铁矿石产能国际合作问题进行探讨，不能局限于问题的本身，必须从系统化的角度来综合考虑影响问题解决的各方因素。因此，本书一方面从产业经济学的角度进行分析，另一方面也从国际贸易、国际政治学以及生态学等角度进行探讨，从而实现对问题更加全面的分析与对策设计。

二、技术路线

在本书的研究中，将依据所需要解决的科学问题，通过对铁矿石产能的国际合作进行分析，提出可行的合作战略。本书研究的技术路线如图 1-2 所示。

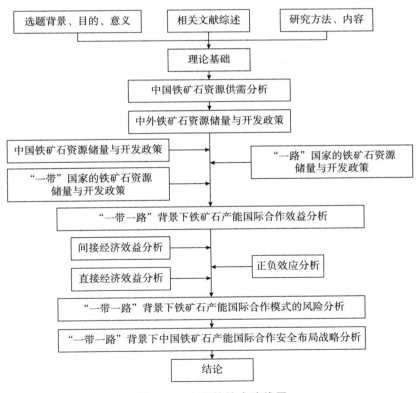

图 1-2 本书的技术路线图

第二章

本书的理论基础及
分析模型

第一节 铁矿石产能布局的
影响因素

一、铁矿石产能布局的国内影响因素

从国内发展情况来分析铁矿石产能布局的影响，必须结合我国的资源禀赋条件与经济发展状况来进行考虑。

第一，交通位置对铁矿石产能布局的影响。铁矿石的主要消费者为各类钢铁企业，而铁矿石本身又属于一种质量较大且价值相对较低的产品。所以，对钢铁企业而言，在众多的铁矿石进口地中，优先选择交通较为便利的进口地就具有十分明显的意义。因此，铁矿石的生产也必须尽可能选择交通便利的位置。例如，在我国西南山区中也有一些中、大型铁矿石储量基地，但受到交通环境的限制，这些地区基本上未能够形成铁矿石产能。从国内的铁矿石产能与交通区位的影响关系来看，拥有铁路运输与水运条件的铁矿石富集区极易形成较好的铁矿石产能布局。图2-1是主要物流运输方式在铁矿石运输中的成本[①]，从图中可看出，火车与轮船的运输成本均显著低于汽车，并且火车在运输时效上也高于汽车。所以，交通位置环境是影响国内铁矿石产能布局的主要因素之一。

第二，资源储量对铁矿石产能布局的影响。铁矿石的生产在前期需要投入大量的人力与物力资源，较高的前期投入使得决策者必须考虑该地区的铁矿石资源储量是否丰富，从而确定能否实现长期的生产。因此，铁矿石资源储量也是影响铁矿石产能布局

---

① 这里以汽车运输成本与时效为1。

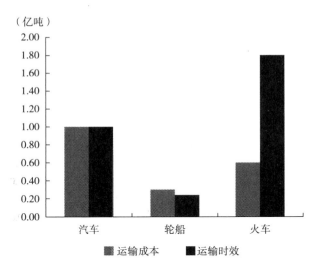

图 2-1　汽车、火车、轮船的铁矿石运输成本与时效

资料来源：交通部官方网站。

的主要因素之一。例如，在我国许多山区均有一定储量的铁矿石资源分布，但这些地区的铁矿石资源无法形成大规模的产能且无法支持持续性开采。所以，这些地区虽然也有铁矿石资源分布，但难以形成铁矿石产能布局。

第三，销售市场对铁矿石产能布局的影响。对于铁矿石生产企业而言，其产品也必须销售给客户（钢铁生产企业），才能够实现生产的价值所在。因此，对于铁矿石产能布局而言，越接近钢铁生产企业越有利于促进铁矿石资源的产销并降低销售的成本。对于国内市场而言，在其他条件不变的情况下，铁矿石产区越接近钢铁生产企业就越容易形成较大的产能布局。

第四，国家政策对铁矿石产能布局的影响。国家铁矿石资源的开发政策直接影响到国内铁矿石的产能布局，国家支持性政策、限制性政策或禁止性政策均对铁矿石的国内产能布局造成影响。例如，在改革开放初期，政府为促进武汉钢铁集团的发展，大力推动黄石大冶铁矿资源的开采，由此在大冶市形成了铁矿石产能布局。同时，国家出于环保以及生物多样性等因素的考虑，对一些铁矿石矿山采取限制性或禁止性开发，从而使得这些地区即使是富集了大量的铁矿石资源也无法形成铁矿石产能。所以，在国内的铁矿石产能布局中，国家政策也是直接影响因素之一。

二、铁矿石产能布局的国际影响因素

在全球经济一体化时代，铁矿石资源已经成为全球市场上的重要战略资源之一，铁矿石的国际产能布局对各进口国以及出口国均具有重要的影响。

第一，国际铁矿石储量分布。影响铁矿石产能国际布局的首要因素就是国际铁矿石储量分布，即铁矿石储量丰富的地区往往也是国际上铁矿石产能的主要布局区域。从图2-2中数据可知，2020年，澳大利亚、巴西以及俄罗斯的铁矿石资源储量占到了全球铁矿石资源储量的50%以上，而这些国家本身的经济建设对于铁矿石的需求量相对较小，这就使得这些国家具有较大的铁矿石出口需求量。而从当前全球的铁矿石出口状况来看，澳大利亚与巴西也是全球铁矿石产能布局的主要国家。

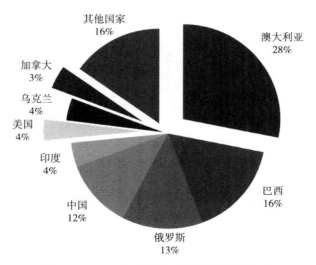

图2-2　2020年全球铁矿石资源分布占比

资料来源：和讯网，http://futures.hexun.com/2016-09-30/186264861.html。

第二，国际铁矿石运输条件。由于国际铁矿石贸易的主要运输工具是各类大型轮船，所以以港口为核心的运输条件对于铁矿石产能的国际布局具有重大的影响。从当前世界主要铁矿石产能布局来看，主要的大型铁矿石生产基地均配有较好的海陆联运条件，从而便利了铁矿石生产企业将产品运输到国际市场进行销售。

第三，铁矿石出口国的国家政策。铁矿石出口国的国家政策如同前文分析的国内政策，一国如果对铁矿石资源的开采或出口持支持或反对意见，那么该国的铁矿石产能布局便会受到较大的影响。例如，欧洲一些国家出于环保需要，关停了众多的中小型铁矿石开采区，从而使得这些铁矿石产能消失。所以，各国的国家政策也直接影响到铁矿石的国际产能布局。

第二节　博弈论

一、博弈论理论模型

博弈论是当前研究较为成熟且在市场经济与国际贸易博弈中较为常用的理论，该理论的主要探讨内容为不同利益主体的选择对对方或第三方的影响以及自身所能够获得的"利益"状况（蒲勇健，2005）。在博弈论中，各方的选择往往受到信息条件的制约而无法达到最佳状态，因此，选择一个折中的解决方案成为各利益主体之间的潜在"默契"。在社会经济活动中，各利益主体之间的合作与冲突均在某些层面上反映了博弈论的理论内涵，在博弈论提出后，各领域的专家学者均从行业发展的需求出发进行不断地优化改进，从而提高了博弈论在制定社会活动中的价值。美国知名经济学家保罗指出，正确地运用博弈论进行企业管理也是决策者必须所具有的技能之一。从合作的水平来看可以细分为零和博弈、完全合作博弈以及非完全合作博弈。一般而言，在市场经济环境下各经济主体之间既不会选择零和博弈，也多数无法实现完全合作博弈，绝大多数情况下处于中间合作水平，即在合作中存在竞争。这是因为合作往往能够带来更大的收益，但是，处于市场争夺的考虑也无法进行全面合作。在铁矿石国际产能合作中各国为更好地实现自身的发展权益，均具有合作的基础条件与需求。但是，在博弈的过程中必须注意的是，在某些情况下，单一经济主体在掌握更为充分的信息情况下可能放弃合作而独自追求最大化的利益，由此导致合作破裂。为此，在各经济主体合作的过程中，为确保博弈的各方能够遵守合作的约定，必须制定相关合作规则来进行约束，从而确保博弈各方的利益能够得到维护，降低博弈的某一方违约而对其他博弈主体所造成的损害概率。

二、博弈过程

根据博弈各方的行为以及在博弈过程中所做出的变动决策，可以将博弈的过程细分为静态、动态以及重复博弈三种过程。

第一，静态博弈。在各方进行博弈的过程中，如果在决策选择上具有先后顺序，那么后选择的一方就能够根据已经做出选择的一方的决策来进行针对性的决策调整。在这种模式下，后决策的一方具有较为明显的优势，且容易获得更大的博弈利益。显然，这种博弈模式与市场经济条件下公平、平等的发展要求不相符合，并且也无法得到优先做出决策的另一方的认可，由此会导致博弈的失败。为此，要确保博弈中的公平性，就必须对博弈双方在决策制定时间上进行限制，或者是采取隔离条件从而使得一方无法提前获知另一方的决策内容。由此可以实现博弈双方决策的"同步"进行，这种博弈过程被称为静态博弈。

第二，动态博弈。社会经济活动中虽然存在一定的静态博弈现象，但更多的社会活动则表现为一种动态化的博弈过程。在多数社会活动中，博弈双方的决策存在先后顺序，此外，还有博弈中的一方对另一方决策了解程度上的差异。这些差异的存在也造成了经济活动双方之间的信息不对称。例如，在银行的信贷业务中就存在明显的信息不对称现象，借贷者对银行借贷规章的了解程度远高于银行对借贷者信息的了解程度。在动态博弈的过程中先做出决策的一方必然处于不平等的地位，而后做出决策的博弈方则可以根据对手的决策来调整自己的决策。因此，做出决策的博弈方必须在某些方面能够对其决策进行风险补偿，例如，先决策能够提高收益、先决策能够获得市场认可度与政府支持等。

第三，重复博弈。在现实经济活动中博弈的各方往往存在较为复杂的合作与竞争关系，因此，相互之间的利益博弈并非一次性可以完成，往往还需要进行多次博弈。重复博弈可以是多次静态或动态博弈的集合，也可以是静态与动态博弈混合存在的集合。一般而言重复博弈必须至少包含二次博弈行为，并进一步细分为无限次数博弈与有限次数的博弈。一般而言在社会经济活动中各博弈方之间的博弈次数都是有限的，在双方彻底完成相关联的活动后这种博弈关系也就消失了。例如，A供应商将产品销售给B后完成售后服务并签订责任切割协议后，A与B之间的博弈关系也随之消失。在重复博弈的过程中双方之间的优势地位是可能互换的，这也表明重复博弈更加复杂。

三、全球铁矿石资源供应的博弈

在全球铁矿石贸易中，供应商与购买商之间存在利益上的一致性与敌对性，由此使得双方形成合作博弈的状态。从中国铁矿石进口企业的角度来看，其博弈的主要对手为国际上的铁矿石出口企业，如巴西淡水河谷公司等。这些国际铁矿石供应巨头在国际市场上具有较强的话语权，从而对铁矿石供应价格形成了操控，进而影响到我国铁矿石进口企业的利益。国际铁矿石供应企业从供应量、供应价格上进行操控，从而形成与国内铁矿石进口企业之间的竞争关系。但是，对于中国铁矿石进口企业而言，需要与国际铁矿石供应商进行合作以获取钢铁生产所需要的原材料；而对于国际铁矿石供应商而言也需要中国这个巨大的铁矿石资源消费市场，由此双方形成合作关系。在这种利益竞争与合作的关系下，双方都会不断地进行决策调整以实现自身利益的不断扩大，而双方为维持合作关系在进行决策时也必须考虑到对方的承受能力。由此，在这一过程中实现双方的博弈平衡，是确保双方利益与合作可持续进行的关键所在。

第三节　铁矿石外商直接投资相关理论

一、垄断优势理论

垄断优势理论是指某些企业凭借其在技术、规模或资金上的优势，从而加大对外投资的一种理论，也称为特定优势理论。海默认为国内企业走向国际的基础原因在于企业自身具有特定的优势，能够使得在国外的投资获得更多的利润，这也是国际化经营中企业逐步走向垄断的优势所在。后来该理论被金德尔伯格进一步补充和发展，从而形成了较为完善的垄断优势理论（张斌，2006）。该理论的核心内容包括以下方面：

第一，国际直接投资的动因必须从不完全竞争的角度来进行考虑。在传统的国际资本流动理论中对国际市场做出了完全竞争的基本假设，在该假设背景下，多个生产商均无控制市场与绝对价格的权利，这是市场的价格由供求关系决定（钱进，2019）。因此，在传统的理论中国际资本的流动也被认为是用现在的"商品"以换取未来某一时刻的"商品"。而从比较优势理论出发就形成了各国出口优势产品——发达国家出口"资本产品"。但是，海默认为这种传统理论的假设不能全面解释国际投资，只能对国际借贷资本的流动进行说明。为此，海默提出必须要放弃传统完全竞争市场假设。

第二，当前的国际市场同时存在多类型的不完全竞争。这种市场不完全性由以下原因构成：首先，不同生产规模所引起的规模经济会引发市场的不完全；其次，产品的差异使得市场不完全；再次，拥有的劳动力与资本差异导致市场的不完全；最后，政府政策的差异导致不完全。在上述四类不完全竞争市场的形成过程中，除了第四类政府政策差异无法由企业控制外，其他三项均可以由企业来影响。因此，对外投资在某种意义上就是为了更好地发挥企业的特定优势，从而获取最大化的市场竞争优势，以便获得高额利润。

第三，企业进行跨国投资存在两个必要的基本条件。首先，企业在某一方面具有较大的竞争优势，从而弥补跨国经营中存在的劣势；其次，投资国当前的不完全竞争市场能够让企业持续保持这种特定的优势。

第四，跨国公司可以通过一定的自身优势在投资国市场上进行竞争。这些优势主要表现为：具有较高进入门槛的资产，如专利技术以及高效率的管理系统；其产品在被投资国有较高的市场认可度；跨国公司具有较为明显的规模化优势，从而能够克服在跨国投资这一过程中所产生的各类不利影响因素。

第五，影响跨国公司进行投资的直接原因在于：首先，被投资国的关税壁垒较高；其次，单纯的技术出口所能够获得的利益相对有限，无法达到跨国企业的预期。

海默的理论为分析国际资本投资提供了新的思路，而后西方学者对该理论进行了进一步的发展与完善（徐雪，2010）。垄断优势理论将直接与间接投资进行了区分，用不完全市场竞争理论来分析国际资本流动，使得有关国际投资的理论研究越来越接近实际。但是，该理论也存在一定的不足，如定量分析较少。且该理论对以下两个问题无法做出合理解释：第一，并未说明拥有技术优势的企业为何必须进行直接投资而不是转让专利许可；第二，该理论也并未说明跨国公司对外投资的地理布局以及合理区位选择的问题。

二、交易成本理论

芝加哥大学的 Coase（1937）首先提出了交易费用的概念，Kamin（1975）较早对交易费用理论进行了系统的阐述，他们从人为因素、交易市场因素和与特定交易相关的因素出发，分析了交易成本的决定性影响因素。他认为交易成本主要发生在事前和事后，并指出交易成本来源于交易双方的投机主义、交易双方的多批次小批量交易、交易信息不对称等方面（王林彬，2011）。根据产学研合作的形成过程可知，在企业、政府以及高校建立产学研合作的过程中，三方都存在寻找合作伙伴的交易成本、相关合作事项的商议成本以及违约和履约的成本等。交易成本的减少能够促进企业和高校之间的合作，减少合作中的利益损失。而在形成产学研合作以后，由于内部主体之间的合作减少了相互的不信任并能加快资金、技术、物质流动从而降低交易成本。因此，进行产学研合作以后将会有利于合作各方的利益增加。

三、比较优势投资理论

日本经济学家小岛清在 20 世纪 70 年代提出了比较优势投资理论，并用比较优势的动态变化来解释企业为什么需要进行对外直接投资，该理论也被称为边际产业扩张理论（小岛清，1987）。在 20 世纪 70 年代早期，日本对西方的产品生命周期理论与垄断优势理论较为认可，但小岛清则认为上述理论对于企业的微观经济利益过于强调，未能体现出国家的宏观利益。所以，西方理论并不适合日本企业的对外发展，因此，小岛清从古典贸易理论出发提出了比较优势理论。该理论对分析企业的最佳对外直接投资条件进行了阐述，提出了一个基本原理、五个推论和四大政策建议。

第一，基本理论。投资国自身拥有比较优势的产业，但其产品出口却缺乏竞争力。但是，一旦将投资国这些具有比较优势的产业转移到被投资国，当地在获取这些优势的资源与技术后再进行生产，那么将会使得投资国企业的比较优势进一步增强。比较优势的提升使得企业的产品成本会出现进一步下降，而这也使得被投资国能够以较低的价格向投资国以及其他第三国出口产品。在这种背景下，投资国企业的产品出口比直接从本国生产后再出口有着更多的优势，而且对被投资国的贸易条件与经济发展均有促进作用（魏浩、毛日昇、张二震，2005）。

第二，五个推论。首先，国际贸易与投资可以被融合对待，这两种投资行为都会使得国际劳动分工发生改变；其次，以贸易为导向的国际直接投资是对外贸易的补充，对外投资增加能够促进投资国国际贸易增长；再次，产业扩张可以从边际扩张进一步推广到亚边际；又次，资本的对外输出是建立在比较优势上的，而并非不同国家的生产资源禀赋等因素上；最后，这一理论在进行定性分析上存在较大的难度。

第三，四大政策建议。首先，欧美跨国企业多以纵向直接投资为主，完成国内外一体化的经营目标。因此，新增跨国投资应当向长期契约模式以及贸易导向的方向发展。其次，发达国家再向发展中国家进行资本输出时，应当着力帮助发展中国家提高劳动技能以及管理能力，并且在帮助发展中国家提升经济发展能力后应及时退出。再次，发达国家之间的资本输出主要是为了规避贸易壁垒，无法给企业带来实质性的效益提升，因此，发达国家应当多向发展中国家进行投资。最后，大型的跨国企业应当同时进行纵向与横向一体化的对外直接投资，从而获取超额利润。

四、中国铁矿石资源供应安全的 PSR 机理

"压力—状态—响应"（PSR）模型是经济合作与发展组织提出的反映可持续发展机理的理论框架。利用 PSR 模型能够对影响铁矿石供应安全的因素进行分析，明确各因素的相互作用及其产生的结果，由此阐述铁矿石供应安全机理（严筱、陈莲芳、严良，2016），理论框架如图 2-3 所示。理论框架以中国的经济发展需要钢铁及钢铁下游产业持续、健康、稳定发展为出发点，分析"国内供给不足，国际高度垄断，影响钢铁及下游产业"的问题；提出建立铁矿石资源安全评价体系与方法并制定对应的战略与措施的解决对策。结合中国的铁矿石资源进口安全问题与 PSR 模型可知，中国的铁矿石进口安全是中国宏观经济发展所必须考虑的问题，影响铁矿石进口安全的主要因素包括：国内外铁矿石产量、铁矿石替代资源、海外投资权益铁矿石、国家铁矿石战略储备等方面。上述各方面因素相互影响。目前，在中国铁矿石内供不足以及国际市场垄断程度较高且日益金融化的背景下，海外铁矿石产量、海外投资权益铁矿石、替代资源以及我国的战略储备政策是影响铁矿石供应安全的主要因素。这些因素的影响具体以价格、数量、质量等因素来反映，并影响到国内铁矿石使用企业的发展稳定性。

五、区域产业合作与布局理论

1. 区域产业合作理论

在区域发展中，不同地区的优势资源存在一定的差异，这就使得不同地区的产业结构存在一定的差异。由于某一地区不可能以最优的条件布局所有的产业，因此，不同地区的产业之间存在合作的必要性。在区域产业合作理论中，产业间贸易是其中的核心内容。产业间的贸易是指不同地区在不同产业上开展贸易活动，

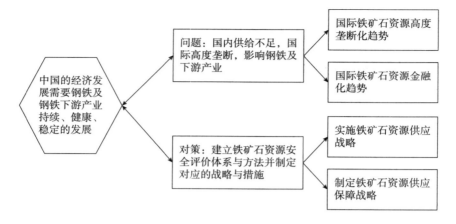

图 2-3　中国铁矿石资源供应安全机理的框架

资料来源：笔者整理。

从而实现各方优势的互补。例如，中国居民为购买高质量的轿车而从德国进口宝马、奔驰等汽车，而德国为获取更为廉价的服装产品会从中国进口大量服装。在区域产业合作中，双方的贸易是合作开展的基础，若不同地区的产业之间缺乏必要的贸易合作，那么区域之间的产业合作也将无法实现。因此，产业间的贸易是区域产业合作的基本特征。

2. 产业布局理论

产业布局理论主要研究一国或一地区的产业布局对整个国民经济的影响。一国或一地区的产业发展最终要落实到特定经济区域来进行，这样就形成了产业在不同地区的布局结构。产业布局是一国或一地区经济发展规划的基础，也是其经济发展战略的重要组成部分，更是其实现国民经济持续稳定发展的前提条件。所以产业布局也是产业经济学研究的重要领域。产业布局理论主要研究影响产业布局的因素、产业布局与经济发展的关系、产业布局的基本原则、产业布局的基本原理、产业布局的一般规律、产业布局的指向性以及产业布局政策等。

六、新国际贸易理论

1980 年初产生的新国际贸易理论，以克鲁格曼模型为代表，与传统的国际贸易理论模型相比，这一模型的特点在于：第一，基本假设的差异。新国际贸易理论将不完全竞争与规模效益递增作为分析的基础假设。第二，新国际贸易理论得出的基本结论是每个国家的贸易模式由规模效益的变化而决定，一般而言，每个国家仅集中力量生产少数产品以此获取较高的规模效益。第三，在国际贸易中获益是指，本国生产产品的成本下降、消费品的种类增加、产品的价格出现下降。第四，新国际贸易理论对发达国家之间之所以存在贸易关系进行了阐述，从而说明了发达国家内部的产品与品牌转移。第五，新国际贸易理论将企业的作用纳入其中，对于国际贸易的分析更为关注企业在其中的重要作用，而在传统的国际贸易理论分析中，对于企业则是完全未考虑的。

第四节　相关分析模型

一、GM（1，1）灰色预测模型

灰色系统预测模型是利用较少的表示系统行为特征的原始数据序列生成变换后，对生成数据序列建立微分方程，其中最典型的是 GM（1，1）模型。利用 GM（1，1）模型能够预测中国未来的宏观经济发展状况，从而为后续铁矿石进口需求变化提供判断依据。此外，本书也利用 GM（1，1）模型对中国铁矿石资源进口需求进行了预测，从而为后续分析中国开展"一带一路"铁矿石国际产能合作的必要性提供基础支撑。

灰色预测模型 GM（1，1）的推导过程如下：

GM（1，1）反映了一个变量对时间的一阶微分函数，其相应的微分方程为：

$$\frac{dx^{(1)}}{dt} + ax^{(1)} = u \qquad\qquad 式（2-1）$$

式（2-1）中，$x^{(1)}$ 为经过一次累加生成的数列；t 为时间；a、u 为待估参数，分别称为发展灰数和内生控制灰数（任雅婷、曹生国、刘栋，2017）。

建立一次累加生成数列。设原始数列为：

$$x^{(0)} = \{x^{(0)}(1)，x^{(0)}(2)，x^{(0)}(3)，\cdots，x^{(0)}(n)\}，i = 1，2，\cdots，n$$
$$式（2-2）$$

按下述方法做一次累加，得到生成数列（n 为样本空间）：

$$x^{(1)}(i) = \sum_{m=1}^{i} x^{(0)}(m)，\qquad i = 1，2，\cdots，n \qquad 式（2-3）$$

利用最小二乘法求参数 a、u。设：

$$B = \begin{bmatrix} -\frac{1}{2}[x^{(1)}(1) + x^{(1)}(2)] & 1 \\ -\frac{1}{2}[x^{(1)}(2) + x^{(1)}(3)] & 1 \\ \vdots & \\ -\frac{1}{2}[x^{(1)}(n-1) + x^{(1)}(n)] & 1 \end{bmatrix}$$

$$y_n = [x^{(0)}(2)，x^{(0)}(3)，\cdots，x^{(0)}(n)]^T \qquad 式（2-4）$$

参数辨识 a、u：$\hat{a} = \begin{bmatrix} a \\ u \end{bmatrix} = (B^T B)^{-1} B^T y_n$ \qquad 式（2-5）

求出 GM（1，1）的模型：

$$\hat{x}^{(1)}(i+1) = (x^{(0)}(1) - \frac{u}{a})e^{-ai} + \frac{u}{a} \qquad 式（2-6）$$

$$\begin{cases} \hat{x}^{(0)}(1) = \hat{x}^{(1)}(1) \\ \hat{x}^{(0)}(i) = \hat{x}^{(1)}(i) - \hat{x}^{(1)}(i-1)，i = 2，3，\cdots，n \end{cases}$$
$$式（2-7）$$

对模型精度的检验。首先计算原始数列 $x^{(0)}(i)$ 的均方差 S_0；其定义为：

$$S_0 = \sqrt{\frac{S_0^2}{n-1}}, \quad S_0^2 = \sum_{i=1}^{n} \left[x^{(0)}(i) - \bar{x}^{(0)} \right]^2, \quad \bar{x}^{(0)} = \frac{1}{n}\sum_{i=1}^{n} x^{(0)}(i)$$

然后计算残差数列 $\varepsilon^{(0)}(i) = x^{(0)}(i) - \hat{x}^{(0)}(i)$ 的均方差 S_1。其定义为：

$$S_1 = \sqrt{\frac{S_1^2}{n-1}}, \quad S_1^2 = \sum_{i=1}^{n} \left[\varepsilon^{(0)}(i) - \bar{\varepsilon}^{(0)} \right]^2, \quad \bar{\varepsilon}^{(0)} = \frac{1}{n}\sum_{i=1}^{n} \varepsilon^{(0)}(i),$$

$$c = \frac{S_1}{S_0} \text{ 和小误差概率：} p = \{ | \varepsilon^{(0)}(i) - \bar{\varepsilon}^{(0)} | < 0.6745 \cdot S_0 \}$$

式（2-8）

最后根据预测精度等级划分表（见表 2-1），检验得出模型的预测精度。

表 2-1 预测精度等级划分表

小误差概率 p 值	方差比 c 值	预测精度等级
>0.95	<0.35	好
>0.80	<0.5	合格
>0.70	<0.65	勉强合格
≤0.70	≥0.65	不合格

资料来源：根据理论内容汇编。

如果检验合格，则可以用模型进行预测。即用：

$$\hat{x}^{(0)}(n+1) = \hat{x}^{(1)}(n+1) - \hat{x}^{(1)}(n), \quad \hat{x}^{(0)}(n+2) = \hat{x}^{(1)}(n+2) - \hat{x}^{(1)}(n+1), \quad \cdots\cdots ;$$

作为 $x^{(0)}(n+1)$，$x^{(0)}(n+2)$，……的预测值。

二、Verhulst 模型

Verhulst 于 1838 年从生物学的角度，以生物繁殖的基础探讨了事务在外界环境影响下的变化情况（王正新，2009）。一般而言，Verhulst 模型多用于人口规模变化、生物繁殖、产品生命等的预测中，因此也被部分学者称为生命曲线方程。在研究中可以将钢材的消费量视为一种生物生命的波动现象，从而分析不同波动期内的需求量。

例如，在工业化的不同发展阶段，社会对于钢材的需求量变化存在较大的差异，一般表现为先快后慢甚至是负增长的过程。在本书的研究中，利用 Verhulst 模型构建了中国钢铁产业的市场需求预测体系，从而为明确我国未来一定时间段内的钢铁需求状况提供了基础支撑。

Verhulst 模型如下：

$$\frac{dx}{dt} + ax = bx^2 \quad (a、b 均小于 0) \qquad\qquad 式（2-9）$$

式（2-9）表示在生物群体规模不大时，其繁殖速度与现有个数 $x(t)$ 成正比，即 $\frac{dx}{dt} + ax = 0$，比例 a 为常数。当生物群体繁殖很快，个数越来越多时，个体成员间要为有限的生存空间、自然资源以及可以得到的食物而进行斗争。这样，就必须给线性微分方程加上一个竞争项。因为每单位时间两个成员发生冲突次数的统计平均与 $x^2(t)$ 成比例。因此，这个竞争项就写成 $bx^2(t)$，b 为常数。钢材消费量的增长过程也有类似的机理。当钢材的社会需求量很大时，钢材消费量 $x(t)$ 成比例快速增长，但 $x(t)$ 的增长超过需求时，市场机制将限制其增长。

Verhulst 模型的解析如下：

分离变量：

$$-\frac{dx}{ax - bx^2} = dt$$

两边积分：

$$\int_{x_0}^{x} \frac{dx}{ax - bx^2} = \int_{t_0}^{t} t\,dt$$

等式右边 = $t - t_0 = \Delta t$ ，

由于，

$$\frac{1}{ax - bx^2} = \frac{1}{a}\left(\frac{1}{x} + \frac{b}{a - bx}\right)$$

对等式左边开展积分可得：

$$-\frac{1}{a}\left[\int_{x_0}^{x}\frac{dx}{x} - \int_{x_0}^{x}\frac{d\left(\frac{a}{b} - x\right)}{\frac{a}{b} - x}\right] = \Delta t$$

所以，

$$\int_{x_0}^{x}\frac{dx}{x} - \int_{x_0}^{x}\frac{d\left(\frac{a}{b} - x\right)}{\frac{a}{b} - x} = -a\Delta t$$

即，

$$\ln\frac{x}{x_0} - \ln\frac{\frac{a}{b} - x}{\frac{a}{b} - x_0} = -a\Delta t$$

化简后可得：

$$x = \frac{\frac{a}{b}}{1 + \left(\frac{a}{bx_0} - 1\right)e^{a\Delta t}} \qquad\qquad 式（2-10）$$

当 $a < 0$，$\Delta t \to \infty$ 时，$x = \frac{a}{b}$ 即为 x 的饱和值。

不失一般性地，若选择三个时间点 t_0、t_1、t_2，且根据 $t_1 - t_0 = t_2 - t_1 = k$（$k = 1,2,3,\cdots,n$）；根据 t_0、$x(t_0)$、t_1、$x(t_1)$、t_2、$x(t_2)$；那么可以确定式（2-7）中 $\frac{a}{b}$ 的值。

三、中国钢铁需求预测方法

目前，对钢材消费预测主要采取用户调查法、数学模型法和专家预测法等。

1. 用户调查法

主要以典型样本用户的调查数据为依据，通过全面分析，推算出未来消费量；结合历史数据中各个产业与钢材消费量的比例关系，来分析判定这种比例关系的变化趋势，通过推算和适当修正，以确定未来钢材消费总量的预测值。虽然这种预测方法数据真实可靠，并能够对某一行业或领域的发展趋势做出较为准确的判断，但受所选样本覆盖面的影响较大，同时由于我国国家相关产业的规划与钢铁下游产业的高度市场化不能完全匹配和同步，往往使得预测失真。

2. 数学模型法

主要以历史统计数据为依据，在影响钢材消费预测值的众多因素中，选择影响较大且与钢材消费密切相关的因素作为自变量建立钢材消费预测数学模型。目前在建立预测数学模型时常采用的自变量有：年钢材消费总量、国内生产总值（GDP）、各次产业产值、各次产业固定资产投资规模、城镇化发展速度、钢材社会积蓄量、人均钢材消费量、废钢利用率等。

3. 专家预测法

以专家个人的经验为依据，其准确程度取决于专家个人对钢铁行业特点和其他行业发展与钢材消费结构、钢材消费量及其变化趋势的把握程度。

影响我国钢材表观消费量的因素很多，如年钢材消费总量、国内生产总值、各次产业产值、各次产业结构和各次产业固定资产投资规模、城镇化发展速度、社会钢材积蓄量等。这些影响因素之间存在内部复杂的关系，并且不同因素还与我国的国情和国际经济环境相关联。因此，预测中国的钢材消费量应该结合中国国情，结合中国的基础设施条件、国民生活水平、三次产业的结构、国内不同地区的发展水平、工业化、城镇化的进程等方面。而不能简单地参照日本、美国或欧美等国家既有的预测方法，应该在中国国情的基础上，对各影响因素进行分析并据此来综合预测我国的钢材消费量。目前，由于我国的城镇化进程较快，影响钢铁需求的因素存在较大的变化性。因此，在传统的研究中对于我国钢铁产能和钢材表观消费的预测多存在较大的误差。为此，必须提出更为科学与系统化的预测模型，从而对我国的钢铁产业市场需求做出科学的预测。

从近十多年来众多机构和人士对我国钢铁产能和钢材表观消费量的预测结果来看，几乎没有预测准确过，而且预测结果与实际误差很大，其主要原因在于缺乏对中国特色社会主义市场经济体制本质特征的完整把握。与西方充分自由的发达市场经济不同，中国的经济是在市场和国家宏观调控下共同发挥作用，过分强调市场规律而低估中国经济政策的影响，将会对预测结果产生较大偏差。同时，中国的外部环境也不同于西方国家，因此，按照西方发达国家曾经走过的历程来预测方法，结论出入很大。

目前，在已有的研究成果中，利用数学模型进行的预测主要分为两大类，一类是从产业经济的角度出发，利用钢铁消费生命曲线进行的预测；另一类是从宏观经济的角度出发，利用宏观经济预测方法预测。第一类主要体现了产业经济的自身规律，但当出现外部干涉时，会使生命曲线出现扭曲和变形，从而导致预测结果的失真；而利用宏观经济预测，真实反映了经济状况，但预测方法中所使用的数据为国内生产总值（GDP），即包含了一个国家或地区的经济中所生产出的全部最终产品和劳务的价值，但其中第一、第二产业生产总值与钢铁消耗密切相关，而第三产业与钢铁消耗相关程度并不密切，所以当第三产业占比较大时也会导致预测结果的不准确。

这两大类数学模型预测局限性还在于，都是利用历史的数据来预测未来，而没有考虑当前因素的影响。而国家宏观调控政策对经济运行的影响往往具有一定的滞后性，其影响效果一般会在调控政策实施1~2年内逐步显现。因此，鉴于这两大类数学模型预测的局限性，并考虑我国的具体情况，本书提出了融合上述两种预测方法，并纳入附加调节因素指标的我国钢材表观消费量综合预测方法，同时建立了新的预测模型。

设：利用钢铁消费生命曲线进行的预测值为 M_1

利用第一、第二产业生产总值预测值为 M_2

当前因素的影响值为 m

预测值为 M

则：

$$M = \frac{M_1 + M_2}{2} \pm m \qquad\qquad 式（2-11）$$

与专家经验预测结果进行比较，本书所提出的中国钢铁消费需求预测模型所具有的优点在于：既体现了产业经济的自身规律又结合了经济运行的真实状况，同时又考虑了当前因素的影响。因此，所做出的预测分析能够更为客观和全面地反映中国在未来一段时间内的钢材消费需求。由此，能够为本书的研究提供更为客观与符合实际情况的基础资料，从而提高研究的客观性。

Chapter Three

中国铁矿石资源
供需分析

第一节 中国宏观经济发展现状与趋势

一、中国宏观经济发展现状

对于任何一个行业而言，宏观经济的发展都是行业整体获得发展的基本条件之一，没有宏观经济的发展行业的整体发展是难以为继的。对于我国的铁矿石进口而言，宏观经济的发展是确保铁矿石进口业务得以持续发展的基本保障，也是其中单个企业发展的保障条件。从我国经济的整体发展特点来看，自2000年以来一直保持着高速的增长态势。GDP虽然不能完全衡量一国的经济发展状况，但该指标仍然是当前反映一国社会经济发展水平的主要衡量标准。2000~2013年，我国经济增速持续保持高位运行，虽然进入到2014年后我国的GDP增长速度出现了明显的放缓，但在世界上仍然处于第一增长梯队。此外，在新冠肺炎疫情全球肆虐的背景下，中国经济逆势突围成为全球大型经济体中首个实现正增长的国家，成为全球经济发展的主要带动者。表3-1与图3-1是我国近年来的经济发展数据（不同统计渠道数据存在一定的小幅度差异）。从中可知：我国的宏观经济整体上保持着平稳的发展态势，无论是从GDP还是从人均国内生产总值的绝对值、同比增长速度来看，都保持着较好的发展态势。宏观经济的稳定持续发展为"一带一路"沿线国家开展铁矿石产能合作提供了优越的经济环境。

表 3-1　2000~2020 年我国 GDP、人均 GDP 数据

时间	GDP（亿元）	人均 GDP（元）	时间	GDP（亿元）	人均 GDP（元）
2000 年	99215	7858	2011 年	473104	35198
2001 年	109655	8622	2012 年	519470	38459
2002 年	120333	9398	2013 年	568845	41908
2003 年	135823	10542	2014 年	636463	46531
2004 年	159878	12336	2015 年	676708	49351
2005 年	184937	14185	2016 年	744127	53980
2006 年	216314	16500	2017 年	827122	59262
2007 年	265810	20169	2018 年	900309	64521
2008 年	314045	23708	2019 年	990865	70892
2009 年	340903	25608	2020 年	1015986	72447
2010 年	401513	30015			

资料来源：各年份的《中国统计年鉴》、《国民经济和社会发展统计公报》。

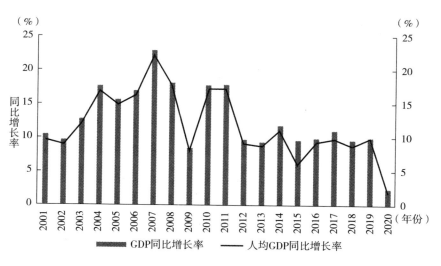

图 3-1　2001~2020 年我国 GDP、人均 GDP 同比增速

资料来源：各年份的《中国统计年鉴》、《国民经济和社会发展统计公报》。

二、基于 GM（1，1）模型的中国宏观经济发展趋势

1. 中国宏观经济发展趋势预测结果

在本次预测中所使用的基础数据为 2000～2020 年我国的 GDP、人均 GDP 数据。预测时间为 2021～2025 年。在本次预测中使用了 DPS 软件来辅助进行数据的处理，相关预测结果如表 3-2 与表 3-3 所示。

（1）2021～2025 年中国 GDP 增长变化预测值。

表 3-2　2021～2025 年中国 GDP 增长变化预测值

单位：亿元

模型参数：

$a=-0.105708$　　　$b=138986.125042$

$x(t+1)=1414024.175963e0.105708t-1314809.175963$

No.	观察值	拟合值	误差	%
X（2）	109655.0000	157660.1688	-48005.1688	-43.7784
X（3）	120333.0000	175238.8843	-54905.8843	-45.6283
X（4）	135823.0000	194777.5829	-58954.5829	-43.4054
X（5）	159878.0000	216494.7975	-56616.7975	-35.4125
X（6）	184937.0000	240633.4275	-55696.4275	-30.1164
X（7）	216314.0000	267463.4545	-51149.4545	-23.6459
X（8）	265810.0000	297284.9625	-31474.9625	-11.8412
X（9）	314045.0000	330431.4944	-16386.4944	-5.2179
X（10）	340903.0000	367273.7818	-26370.7818	-7.7356
X（11）	401513.0000	408223.8924	-6710.8924	-1.6714
X（12）	473104.0000	453739.8383	19364.1617	4.0930
X（13）	519470.0000	504330.6985	15139.3015	2.9144
X（14）	568845.0000	560562.3135	8282.6865	1.4561
X（15）	636463.0000	623063.6133	13399.3867	2.1053

No.	观察值	拟合值	误差	%
X（16）	676708.0000	692533.6521	−15825.6521	−2.3386
X（17）	744127.0000	769749.4270	−25622.4270	−3.4433
X（18）	827122.0000	855574.5682	−28452.5682	−3.4399
X（19）	900309.0000	950968.9986	−50659.9986	−5.6270
X（20）	990865.0000	1056999.6700	−66134.6700	−6.6744
X（21）	1015986.0000	1174852.4969	−158866.4969	−15.6367

对当前模型的评价：

C = 0.1305 很好

p = 1.0000 很好

未来5个时刻预测值：

X（t+1）= 1305845.61997	/	/	/	/
X（t+2）= 1451444.14956	/	/	/	/
X（t+3）= 1613276.55205	/	/	/	/
X（t+4）= 1793152.86377	/	/	/	/
X（t+5）= 1993084.93560	/	/	/	/

资料来源：灰色预测模型计算值。

（2）2021~2025年中国人均GDP增长变化预测数据。

表3-3　2021~2025年中国人均GDP增长变化预测数据

单位：元

模型参数：

a = −0.101376　　b = 10708.074669

x（t+1）= 113484.809545e0.101376t−105626.809545

No.	观察值	拟合值	误差	%
X（2）	8622.0000	12108.0594	−3486.0594	−40.4321
X（3）	9398.0000	13399.9072	−4001.9072	−42.5825
X（4）	10542.0000	14829.5864	−4287.5864	−40.6715

No.	观察值	拟合值	误差	%
X（5）	12336.0000	16411.8027	-4075.8027	-33.0399
X（6）	14185.0000	18162.8307	-3977.8307	-28.0425
X（7）	16500.0000	20100.6815	-3600.6815	-21.8223
X（8）	20169.0000	22245.2879	-2076.2879	-10.2945
X（9）	23708.0000	24618.7092	-910.7092	-3.8414
X（10）	25608.0000	27245.3585	-1637.3585	-6.3939
X（11）	30015.0000	30152.2534	-137.2534	-0.4573
X（12）	35198.0000	33369.2943	1828.7057	5.1955
X（13）	38459.0000	36929.5716	1529.4284	3.9768
X（14）	41908.0000	40869.7064	1038.2936	2.4776
X（15）	46531.0000	45230.2269	1300.7731	2.7955
X（16）	49351.0000	50055.9853	-704.9853	-1.4285
X（17）	53980.0000	55396.6194	-1416.6194	-2.6243
X（18）	59262.0000	61307.0629	-2045.0629	-3.4509
X（19）	64521.0000	67848.1106	-3327.1106	-5.1566
X（20）	70892.0000	75087.0438	-4195.0438	-5.9175
X（21）	72447.0000	83098.3220	-10651.3220	-14.7022

对当前模型的评价：

C = 0.1329 很好

p = 1.0000 很好

未来 5 个时刻预测值：

X（t+1） = 91964.34929	/	/	/	/
X（t+2） = 101776.32153	/	/	/	/
X（t+3） = 112635.16466	/	/	/	/
X（t+4） = 124652.57269	/	/	/	/
X（t+5） = 137952.15664	/	/	/	/

资料来源：灰色预测模型计算值。

2. 预测结果分析

从表 3-2 与表 3-3 所反映的 2021~2025 年中国 GDP、人均 GDP 增长变化的预测数据可知：第一，2021~2025 年中国 GDP 总量的预测数据仍然会保持增长态势，GDP 总量在 2025 年预计达到 1993084 亿元，相比于 2020 年将同比增长 96.17%。第二，2021~2025 年人均 GDP 的预测数据也仍然会保持增长态势，人均 GDP 在 2025 年预计达到 137952 万元，相比于 2020 年将同比增长 90.42%。

同时，根据张平（2020）以及国务院发展研究中心（2021）对我国宏观经济发展做出的预判数据，我国未来五年的经济将保持持续的增长态势。由此可知，在目前的发展条件下，中国 GDP、人均 GDP 的规模仍然会保持一定的增长速度。中国经济的持续发展也必然带来钢铁等产品消费的增长。所以，在当前的发展环境下，必须加强对钢铁等重要战略资源的供应安全维护，从而确保中国经济能够得到稳健的持续发展。

第二节　宏观经济发展背景下的钢铁产业发展分析

一、中国钢铁产业发展现状

1. 钢铁产业在国民经济发展中的作用

中华人民共和国成立以来，钢铁产业一直被视为国家重点发展的产业类型，经过七十余年的发展，我国已经构建了完善的钢铁工业体系，国内钢材需求已经基本得到满足。在新时代的背景下，中国钢铁产业的发展对于促进国民经济的发展具有重要的作用，具体表现为：第一，以基础产业的形式支撑国民经济及其他产业的发展，从而为全面推进我国的现代化建设提供保障。钢铁产业在支撑我国第一、第二产业的发展上起到了重要的作用，而第一、第二产业的发展对于钢铁产品的消费也带动了钢铁行业的发展。图 3-2 是我国 2016～2020 年第一、第二产业钢铁消耗量和产值的关系，从图中数据可知：自 2016 年以来，我国第一、第二产业均保持平稳增长的态势，同期，第一、第二产业对钢材产品的整体消费量也在持续增长，第二产业的钢材消费量绝对数远大于第一产业。第二，钢铁产业是国民经济的支柱性产业之一，在增加社会财富、解决就业上发挥着重要的作用。第三，钢铁产业也是维护国家安全与国民经济平稳发展的支撑。钢铁产业的发展也有其独特性，主要表现为随着国民经济的周期性波动而波动，是高载能与高资源依赖型的产业。

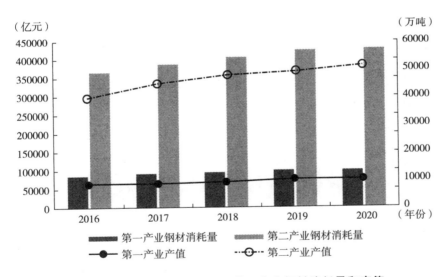

图 3-2　2016～2020 年第一、第二产业钢材消耗量和产值

资料来源：各年度的《中国统计年鉴》与国家统计局官方网站发布数据。

2. 钢铁产业的发展现状

中华人民共和国成立以来，我国就将钢铁产业的发展放在了十分突出的位置，钢铁产业的发展也直接受到党和政府的重点扶持。但是,受到生产技术以及计划经济体制等多方因素的影响,我国在改革开放前,钢铁产业的发展整体上在技术与产量上落后于世界其他国家。1978 年我国的粗钢产量为 3178 吨,仅占全球产量的 4.4%;随着我国改革开放政策的实施,我国粗钢的产量有了巨大的变化,在 1996 年我国粗钢产量首次达到 1 亿吨后,几乎每隔 2~3 年,我国的粗钢产量变化就会跨越一个亿吨级别的台阶。截至 2020 年,我国的粗钢产量为 10.65 亿吨,占全球产量约一半。表 3-4 是我国 1950 年以来的粗钢产量的变化数据,从表中数据可知,我国的粗钢产量整体而言保持着持续增长的态势,但近年来在国家"去产量"的政策调节下,粗钢的产量增速明显下降,在部分年份甚至出现了负增长。由于我国的经济发展水平整体还不高,在钢材以及废钢的储量上还较少,因此我国新产钢铁的主要原材料为铁矿石,这与欧洲部分国家新产钢材原材料一定比例来自废钢有较大的差异。

表 3-4　1950~2020 年中国粗钢产量

时间	粗钢产量 （万吨）	同比增长率 （%）	时间	粗钢产量 （万吨）	同比增长率 （%）
1950 年	61	—	1962 年	667	-23.33
1951 年	90	47.54	1963 年	762	14.24
1952 年	135	50.00	1964 年	964	26.51
1953 年	177	31.11	1965 年	1223	26.87
1954 年	223	25.99	1966 年	1532	25.27
1955 年	285	27.80	1967 年	1029	-32.83
1956 年	447	56.84	1968 年	904	-12.15
1957 年	535	19.69	1969 年	1333	47.46
1958 年	800	49.53	1970 年	1779	33.46
1959 年	1122	40.25	1971 年	2132	19.84
1960 年	1351	20.41	1972 年	2338	9.66
1961 年	870	-35.60	1973 年	2522	7.87

时间	粗钢产量（万吨）	同比增长率（%）	时间	粗钢产量（万吨）	同比增长率（%）
1974 年	2112	-16.26	1998 年	11559	6.10
1975 年	2390	13.16	1999 年	12426	7.50
1976 年	2046	-14.39	2000 年	12850	3.41
1977 年	2374	16.03	2001 年	15163	18.00
1978 年	3178	33.87	2002 年	18237	20.27
1979 年	3448	8.50	2003 年	22234	21.92
1980 年	3712	7.66	2004 年	28291	27.24
1981 年	3560	-4.09	2005 年	35310	24.81
1982 年	3716	4.38	2006 年	42266	19.70
1983 年	4002	7.70	2007 年	48966	15.85
1984 年	4347	8.62	2008 年	50091	2.30
1985 年	4679	7.64	2009 年	56803	13.40
1986 年	5220	11.56	2010 年	62665	10.32
1987 年	5628	7.82	2011 年	69550	10.99
1988 年	5943	5.60	2012 年	71654	3.03
1989 年	6159	3.63	2013 年	77904	8.72
1990 年	6635	7.73	2014 年	82270	5.60
1991 年	7100	7.01	2015 年	80382	-2.29
1992 年	8094	14.00	2016 年	80834	0.56
1993 年	8956	10.65	2017 年	83173	2.89
1994 年	9261	3.41	2018 年	92801	11.58
1995 年	9536	2.97	2019 年	99634	7.36
1996 年	10124	6.17	2020 年	106477	6.87
1997 年	10894	7.61	—	—	—

资料来源：世界钢铁协会 2010-Summary，国家统计局《中国统计摘要 2017》、各年度《国民经济和社会发展统计公报》。

二、中国钢铁产业发展趋势

在计算我国钢材产品的市场需求量时引入 Verhulst 模型，由此可以求得我国市场的钢材需求饱和量。将 1996 年的钢材消费量定位为 t_0，则对应的 $x(t_0) = 10124$ 万吨；将 2004 年的钢材消费量定位为 t_1，则对应的 $x(t_1) = 28291$ 万吨；将 2012 年的钢材消费量定位为 t_2，则对应的 $x(t_2) = 71654$ 万吨。所选定的 1996 年、2004 年、2012 年三个时间点符合：$t_1 - t_0 = t_2 - t_1 = k = 8$，符合计算要求。将 t_0、$x(t_0)$，t_1、$x(t_1)$，t_1、$x(t_1)$，t_2、$x(t_2)$ 分别代入式（3-1）与式（3-2）中可得：

$$28291 = \frac{\dfrac{a}{b}}{1 + (\dfrac{a}{b \times 10124} - 1) e^{a8}} \qquad \text{式（3-1）}$$

$$71654 = \frac{\dfrac{a}{b}}{1 + (\dfrac{a}{b \times 28291} - 1) e^{a8}} \qquad \text{式（3-2）}$$

将式（3-1）与式（3-2）进行联合求解，可得 $\dfrac{a}{b} = 9.27 \times 10^4$ 万吨，即根据模型计算我国钢材需求量的峰值将在 2022 年达到 9.27×10^4 万吨。结合世界钢铁协会（2020）的预测数据，2021~2015 年，中国钢铁消费市场将在 9.71 亿~11.32 亿吨。结合本书的预测数据与相关学者和机构的预测可知，我国当前的钢材生产距离消费量的最大峰值还存在一定的差距。因此，可以判断的是，在未来的一段时间内我国的钢材需求量整体上是会持续扩大的，由此也必然带来对铁矿石需求量的增加，从而对我国的铁矿石供应形成一定的压力。

第三节　中国国内铁矿石
供需分析

一、中国国内铁矿石供给现状

目前，我国的铁矿石供给整体上表现为中、小型矿床多，成矿条件复杂，贫矿多，富矿少，伴生组分多等特点。可以概括为"贫、杂、细、小"。2018 年地质探查数据表明，我国的铁矿石储量庞大，居全球第四位。随着采掘技术的进步，我国铁矿石资源的可开采规模整体上在不断地上升。国务院在 2004 年启动了我国新一轮中长期找矿专项计划，进一步强化了在矿产资源寻找与规模测算上的能力。此外，为进一步开发矿产资源，我国还提出了"就矿找矿"的策略，从而加大了对原有矿山深层空间资源的寻找。图 3-3 是我国 2000~2020 年铁矿石原矿产量变化数据，从图中数据可知：在上述多种因素的共同作用下，我国的铁矿石资源整体供给量在缓慢增长，2014~2016 年产量持续下降，2017 年开始逐渐增长。

二、中国国内铁矿石供给与需求矛盾

1. 中国废钢消耗总量

国内对于铁矿石的消耗目的在于进行钢铁冶炼，而废钢的回收利用在一定程度上抵消了对铁矿石原矿的依赖。目前，对废钢进行回收利用，甚至是进口废钢进行利用的国家较多。其中，日本在废钢进口与回收利用上取得了较大的成就。图 3-4 是 2000~2020 年中国废钢消耗总量，从图中数据可知，中国的废钢消耗整

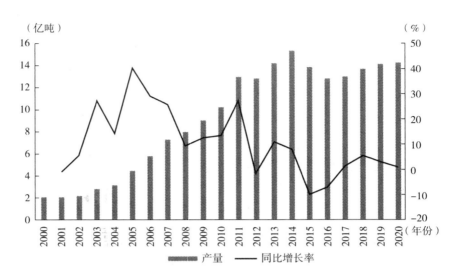

图 3-3 2000~2020 年中国铁矿石原矿产量变化数据

资料来源：国际钢铁协会。

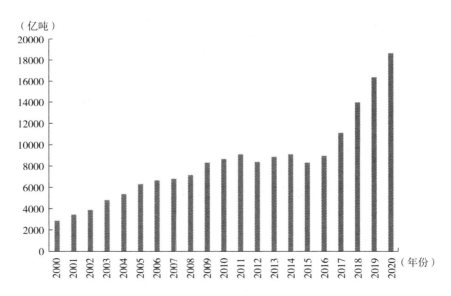

图 3-4 2000~2020 年中国废钢消耗总量

资料来源：国际钢铁协会。

体上呈现波动上升的态势。根据中国钢铁工业协会统计数据，2000 年我国的粗钢产量中有 10.62% 来源于废钢，而到 2020 年这一数据接近 18%。废钢的回收利用一定程度上降低了我国对铁矿石资源的消费需求，在本书中仅考虑由铁矿石作为直接原材料而进行生产的钢材规模。

2. 铁矿石需求的影响因素

在一国的铁矿石供给中，影响供需平衡的因素较多，从需求层面来看主要的影响因素包括以下方面：第一，宏观经济发展状况。宏观经济的发展直接影响各类产业的发展。而在当前的社会生产模式中，多数产业的发展对于钢材均有较大的需求量，因此，宏观经济的发展将通过对钢材需求量的影响来间接影响铁矿石的需求状况。第二，钢铁企业的生产效率。钢铁企业的生产效率直接影响到单位钢材生产所需要耗费的铁矿石数量，并由此形成对铁矿石需求量的影响。一般而言，钢铁企业的生产效率越高，生产相同数量的钢铁制品其铁矿石需求量越低。第三，新替代技术与产品。市场上有无新的钢铁制品替代技术或产品，也将直接影响到对铁矿石的需求量。若市场上能够替代钢铁产品的技术或其他产品越来越多，那么市场对钢铁产品的需求量也将会越来越低，并由此影响到对铁矿石的需求量。

3. 国内铁矿石供给与需求矛盾

目前，随着我国宏观经济的持续发展，我国社会对于钢铁产品的整体需求量还在不断地增大。同时，受到我国铁矿石品位较低等因素的限制，我国的铁矿石国内生产供给量与市场需求量之间还存在一定的矛盾。图 3-5 是 2004～2020 年我国铁矿石需求缺口变化数据，从图中数据可知，近年来我国的铁矿石需求缺口规模整体上在不断地扩大，虽然在 2018 年以后受到我国钢铁产业区产能的影响，铁矿石需求缺口有所下降，但整体需求缺口仍然较大。铁矿石国内供给的需求缺口也反映了国内铁矿石供给与需求的矛盾，这种矛盾的产生一方面与我国宏观经济发展对钢材的需求量不断增长有关，另一方面与我国的铁矿石资源数量不足以及品位低下有关。针对铁矿石国内供给缺口，一方面可以增加国内生产规模，另一方面可以增加铁矿石进口规模。在短期内，我国的铁矿石国内生产规模扩大有限，难以完全弥补供给缺口。在此背景下，进口铁矿石资源成为解决我国铁矿石供给不足的关键性解决方式，而保障铁矿石进口安全的重要性也由此凸显。

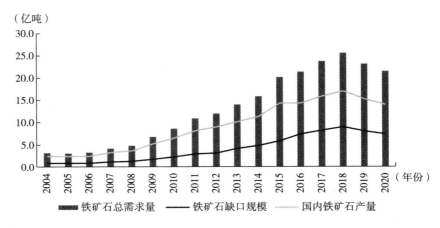

图 3-5　2004~2020 年中国铁矿石缺口变化数据

资料来源：中国钢铁工业协会。

第四节　中国铁矿石资源
对外需求分析

一、中国铁矿石资源进口需求的 GM（1，1）预测

"一带一路"是新时代背景下中国政府提出的具有全球影响意义的倡议。目前，"一带一路"沿线国家经济总量约为 30 万亿美

元，约占全球经济总量的 1/3。当前，"一带一路"沿线国家的经济总量不仅存在巨大的差距，各国的国民人均收入也存在较为明显的差距。巨大的人均 GDP 差异使得"一带一路"沿线国家的经济合作存在较为明显的互补性。根据对世界银行 WDI 数据库的数据进行汇总整理可知，"一带一路"沿线国家主要处于中低速的增长状态，其中以俄罗斯为代表的国家正处于负增长的状态。在高速增长的国家中，中国的经济总量最大且市场最大。所以，在丝绸之路经济带上，中国市场具有较大的吸引力，能够为处于中低速以及经济负增长的国家提供广阔的出口市场。所以，从"一带一路"沿线国家的发展速度来看，开展经济贸易合作具有现实可行性。通过对中国"一带一路"倡议下各国的经济发展现状来看，各国之间存在较高的合作需求性。因此，在"一带一路"倡议的持续深化发展背景下，中国对外经济的发展将迎来一个新的高潮，且对于"一带一路"沿线国家而言也是一次发展机遇。

"一带一路"倡议的提出为中国钢铁产业的发展带来了新的历史机遇，在我国当前钢铁工业铁矿石原材料进口价格不断上涨的背景下，与"一带一路"沿线国家进行合作所具有的意义十分深远。现以我国 2007~2020 年的铁矿石进口量为基础数据，预测 2021~2025 中国铁矿石进口量，在当前的国际国内发展环境下，我国的铁矿石资源进口量不会出现异常且较大的波动，整体仍然会呈现线性变化。因此，对 2021~2025 年中国铁矿石进口量需求预测采用 GM（1，1）模型。将我国 2007~2020 年的铁矿石进口量数据代入 GM（1，1）模型中，计算出如表 3-5 所示的预测数据。

表 3-5 2021~2025 年中国铁矿石进口需求量预测

单位：亿吨

模型参数：

a = -0.104030   b = 3.109273

x (t+1) = 31.518230e0.104030t-29.888230

No.	观察值	拟合值	误差	%
X（2）	2.3100	3.4555	-1.1455	-49.5850
X（3）	3.0300	3.8343	-0.8043	-26.5436
X（4）	3.5900	4.2547	-0.6647	-18.5139
X（5）	4.5900	4.7211	-0.1311	-2.8566
X（6）	4.8700	5.2387	-0.3687	-7.5710
X（7）	6.9300	5.8131	1.1169	16.1173
X（8）	7.2600	6.4504	0.8096	11.1519
X（9）	7.5500	7.1575	0.3925	5.1981
X（10）	8.1800	7.9422	0.2378	2.9065
X（11）	9.0200	8.8130	0.2070	2.2950
X（12）	9.3500	9.7792	-0.4292	-4.5902
X（13）	10.4800	10.8513	-0.3713	-3.5431
X（14）	11.2600	12.0410	-0.7810	-6.9359

对当前模型的评价：

C = 0.2142 很好

p = 1.0000 很好

未来 5 个时刻预测值：

X（t+1）= 13.36109	/	/	/	/
X（t+2）= 14.82591	/	/	/	/
X（t+3）= 16.45133	/	/	/	/
X（t+4）= 18.25495	/	/	/	/
X（t+5）= 20.25631	/	/	/	/
Qmin = -3.11426	/	/	/	/

资料来源：灰色预测模型计算值。

二、"一带一路"背景下中国铁矿石资源进口需求结果分析

在"一带一路"的背景下，中国的国内剩余产能能够通过对外贸易与投资的方式进行转移，由此为确保我国宏观经济的整体平稳发展创造有利的条件。然而宏观经济的发展能够为钢铁产业的持续发展提供市场，因此也能够进一步保障钢铁产业不因市场的饱和而失去发展的空间。在"一带一路"背景下，我国的钢铁工业仍将保持平稳的发展，由此也会形成对铁矿石资源需求量的持续增加。在国内铁矿石整体资源供应上难以实现较大改变的背景下，增加铁矿石资源的进口量成为必然选择。从表3-5的数据可知，到2025年中国的铁矿石资源进口量约为20.26亿吨。根据本书的预测数据并结合相关机构与学者的研究可知，未来一段时间内我国的铁矿石需求量呈现持续上升的态势。由此，这也间接表明了在当前我国国内铁矿石生产规模扩大有限的背景下，增加铁矿石的进口将成为一种必然选择。所以，在"一带一路"的背景下，随着我国产能的对外转移，我国的铁矿石资源对外需求量也不断增加，由此也表明了中国铁矿石的对外依赖度越来越高。因此，加强对铁矿石资源供应的安全性设计，确保我国钢铁工业的稳定发展成为我国政府必须考虑的问题。

第五节　中国铁矿石资源储量与开发政策

一、中国铁矿石资源储量分析

1. 中国铁矿石资源储量

我国是全球主要的铁矿石富集区，同时也是全球人口最大的

国家以及全球最大的发展中国家。在巨大的市场需求与较低的人均占有量背景下，我国铁矿石资源变得十分"短缺"。根据国土资源部发布的数据，2020 年我国探明的铁矿石资源储量为 318.7 亿吨，与 2015 年探明的 207.6 亿吨相比，同比增长 53.52%。但是，我国铁矿石资源中的贫矿（国际上将品位低于 25% 的铁矿石称为最低工业利用品位）比例较高。图 3-6 是我国 2007~2020 年探明的铁矿石资源储量与贫矿比例，从图中数据可知，我国的铁矿石资源探明的储量整体上在不断地增长，但增长速度较为缓慢，同时我国的贫矿比例也有所下降，但在我国已经探明的铁矿石资源中占比仍然较高。

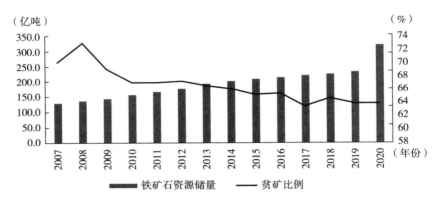

图 3-6　2007~2020 年中国探明铁矿石资源储量与贫矿比例

资料来源：各年份《中国统计年鉴》。

2. 国内主要大型矿区

国内主要的大型矿区有 6 个，分布在华北、东北、华中、华东、西南和海南，给各大钢铁厂供应铁矿石。国内铁矿石储量较高，但品位相对较低，以辽宁鞍山为例，根据"矿业汇"专业平台 2017 年发布的统计数据显示，辽宁鞍山、鞍山和本溪地区累计查明铁矿资源储量 125.6×10^8 吨，保有铁矿资源储量 109.5×10^8 吨，占全省铁矿保有资源储量的 93.8%。但其品位在 20.40%~39%，需进行精选后才可进行进一步冶炼，开采难度大。我国主要大型矿区信息如表 3-6 所示。

表 3-6　我国 7 大铁矿石矿区信息

矿区名称	所属地区	主要构成	含铁量	下游钢厂
芜宁矿区	华东	赤铁矿、磁铁矿	（富矿部分）50%~60%	马钢
迁滦矿区	华北	磁铁矿	—	首钢、包钢、太钢等
石碌矿区	海南	赤铁矿	平均 49.15%	武钢、新兴铸管、韶钢、南钢等
大冶矿区	华中	磁铁矿、赤铁矿、黄铜矿、黄铁矿（铁铜共生矿）	40%~50%	武钢、湘钢
邯邢矿区	华北	磁铁矿、赤铁矿	40%~55%	—
攀枝花矿区	西南	钒钛磁铁矿伴生矿	27.80%	攀钢、重钢、昆钢
鞍山矿区	东北	磁铁矿、赤铁矿	平均 30%	鞍钢、本钢

资料来源：公开资料整理。

3. 中国铁矿石行业集中度

从行业集中度来看，中国铁矿石行业集中度较低。根据钢联数据统计，2019 年全国重点统计 30 家铁矿石企业中，排名前 4 的企业产量 16708.86 万吨，前 8 的企业产量 26754.14 万吨，由此计算 2019 年铁矿石行业 CR4 仅有 11.52%（见表 3-7）。同样，2020 年全国重点统计 27 家铁矿石企业中，排名前 4 的企业产量 17396.76 万吨，前 8 的企业铁矿石产量为 26918.73 万吨，由此计算所得 2020 年铁矿石行业 CR4 仅 12.93%，CR8 仅 20.01%。虽同比 2019 年行业集中度有所提升，但从全球铁矿石行业集中度来看，根据各公司年报，排名前 4 的四大矿山 2019 年产量合计为 12.86 亿吨，由此计算世界铁矿石行业 CR4 高达 47.85%，远高于中国的 12.93%，而这种差距在 2020 年还出现了进一步扩大的趋势。

表 3-7　2019~2020 年中国铁矿石行业集中度

排名	2019 年		2020 年	
	铁矿石企业	产量（万吨）	铁矿石企业	产量（万吨）
1	鞍钢矿业	5535.57	鞍钢矿业	5777.57
2	北京华夏建龙	3976.89	河钢矿业	4069.11
3	太钢矿业	3653.07	北京华夏建龙	3982.59
4	河钢矿业	3543.33	攀钢矿业	3567.49
5	攀钢矿业	3463.84	太钢矿业	3440.19
6	本钢集团	2462.25	本钢集团	2392.21
7	包钢集团	2230.55	包钢集团	1963.77
8	马钢矿业	1888.64	马钢矿业	1725.81
重点统计企业	共计 30 家	34663.94	共计 27 家	34812.27
全国	—	145035.35	—	134493.77
CR4（%）	11.52		12.93	
CR8（%）	18.45		20.01	

资料来源：中国钢铁工业协会。

4. 铁矿石开采企业的经营性质与铁精粉矿山开工率

作为国家重要的战略性资源，铁矿石的开采在我国以国有企业经营为主，钢联数据（见表 3-8）显示，2020 年在我国主要的 30 家大型铁矿石生产企业中，有 22 家属于国有性质，占据了我国铁矿石产能的 70% 以上。到 2020 年我国主要的大型铁矿石生产企业中有 77.78% 为国企，高于 2019 年的 73.33%。由此可知，在我国的铁矿石资源生产上，国有企业仍然占据了绝对的优势，是保障我国铁矿石资源供应的主要力量。

从国产铁精粉矿山开工率来看，2013 年 10 月，国产铁精粉矿山开工率一直处于震荡下行的态势。2014 年平均开工率为 66.20%，2015 年平均开工率为 47.48%，2016 年平均开工率为 42.88%。2017~2020 年国内矿山的开工率呈现单边上升的状态，从 2017 年的 44.36% 增长到 49.07%。

表 3-8　2020 年铁矿石重点开采企业国营比例

矿企名称	2020 年产量（万吨）	所有权性质	矿企名称	2020 年产量（万吨）	所有权性质
鞍钢矿业	5450.54	国营	海南矿业	408.08	民营
河钢矿业	3838.78	国营	鲁中矿业	390.51	国营
北京华夏建龙	3757.16	民营	安徽金安矿业	314.39	民营
攀钢矿业	3365.56	国营	福建马坑矿业	303.98	国营
太钢矿业	3245.46	国营	通钢板石矿业	302.33	民营
本钢集团	2256.8	国营	安徽庐江龙桥	178.8	民营
包钢集团	1852.61	国营	凌钢保国	170.87	国营
马钢矿业	1628.12	国营	安钢舞阳	159.4	国营
首钢矿业	1280.47	国营	广东大宝山	118.65	国营
邯邢矿业	1187.75	国营	江苏徐铁集团	98.35	国营
酒钢集团	932.58	国营	山东金岭铁矿	81.41	国营
昆钢大红山	760.83	国营	浙江漓渚铁矿	39.91	国营
梅山矿业	516.72	民营	北京威克	22.15	国营
武钢矿业	492.34	国营	—	—	—
国营合计（家）	21		国营比例（%）	77.78	

资料来源：中国钢铁工业协会。

二、中国废旧钢铁资源二次回收现状

　　废钢铁对中国的钢铁产业来说是非常重要的生产原料，其地位已经日益突出。我国是发展中国家，钢材蓄积量正处于快速增长的态势。例如，2009 年我国的钢材储量为 52.2 亿吨，而到 2015 年这一数据达到 80 亿吨，累计增长 53.26%；而到 2020 年我国的钢材预计储量将达到 100 亿吨以上。钢材蓄积量的快速增长也使得我国废钢的产量不断增加，其中，2019 年我国就产生了

1.9 亿吨废钢。按照我国钢铁产品报废 8~30 年的周期性规律计算，"十四五"期间我国的报废车辆、桥梁、房屋、军工设备、煤矿用钢等都到了报废年限，届时年废钢产出量将达到 2.3 亿吨左右。目标在"十四五"末，也就是 2025 年，我国废钢年产量总计达到 2.5 亿吨左右①。但受到二次回收的难度、成本以及居民对于废钢回收的积极性等多重因素的影响，我国的废钢资源二次回收率还相对较低。图 3-7 是 2000~2020 年我国废钢资源的二次回收数据。从图 3-7 可知，自 2000 年以来我国对废钢资源二次回收的绝对量整体上保持着波动增长的态势，但同期废钢资源二次回收的增长率却呈现明显的下降状态。由此表明，我国当前的废钢资源二次回收增长速度较慢，在某些年份甚至存在负增长的情况。同时，废钢资源二次回收的总量占我国废钢资源的总量比重也一直较低。因此，我国的废钢资源二次回收现状还存在较大的不足。

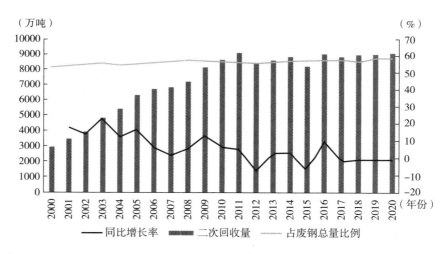

图 3-7　2000~2020 年我国废钢资源二次回收数据

资料来源：中国钢铁工业协会。

---

① 参见 http://www.fubaofg.com/news/detail/2845294.html。

三、中国铁矿石资源开发政策

1. 中国铁矿石资源勘查和开发政策

中华人民共和国成立后，由于我国在国家建设上发展任务十分繁重，因此，各行各业对于钢铁制品均有较高的需求。同时，由于我国的铁矿石资源储量相对不足，为缓和供需矛盾，我国一直将铁矿石资源的开发作为战略性内容予以支持。为此，我国先后制定了一系列的铁矿石资源勘查和开发的法律法规，并在不同的发展阶段均制定了铁矿石资源的开发计划。1950 年，我国开展了大规模的铁矿石资源勘查工作。2001 年，国务院明确指出铁矿石是短缺矿种，需要鼓励勘查和开发。2009 年国土资源部要求在未来 10 年内实现铁矿找矿的重大突破，从而持续提升我国在铁矿石供应上的能力。2016 年，国土资源部再次指出要将铁矿找矿视为未来工作的重点内容。在 2019 年和 2020 年自然资源部结合我国当前的国际发展环境、中澳铁矿石进口现状，提出了进一步加大国内铁矿石资源开发力度的决定，由此带动了国内铁矿石开发企业以及一些钢铁生产企业的积极性。

2. 铁矿石资源调查评价与勘探政策

为全面支持我国的铁矿石资源调查评价与勘探，国土资源部出台了一系列的支持性政策。其中，铁矿地址调查评价被纳入到社会公益性项目中，获得了相关的政策与金融支持。同时，国家也通过多种鼓励与引导政策来积极引导社会资本进入铁矿石资源的开发利用中。为更好地促进商业性铁矿石资源的开发利用，降低企业的投资风险，我国在基础信息服务、信贷支持以及税费减免上为商业企业的开发提供了便利性条件。例如，对于民间资本进入铁矿石资源调查评价与勘探业务中，给予免缴探矿权使用费 1 年、减半缴纳探矿权使用费 2 年的政策、免缴矿产资源补偿费 5 年的政策。同时，国家还鼓励企业进入中西部，尤其是西部进行矿产资源的勘探和利用。从资金投入规模来看，近年来国家在铁矿石资源勘探上的投资规模不断加大。图 3-8 是 2007~2020 年国家在铁矿石资源勘探上的投资数据，从图中铁矿资源评价与勘探投入绝对量可知，我国的投入规模在不断地扩大，在 2017 年已经达到 20 亿元以上，而在 2020 年达到约 30 亿元。

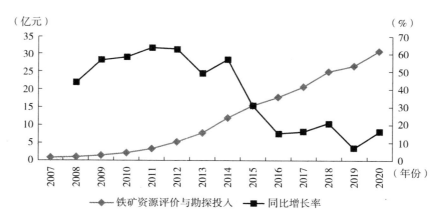

图 3-8　2007~2020 年中国铁矿资源评价与勘探投入变化数据

资料来源：国土资源部，《中国矿产资源报告》。

2009 年，国土资源部立足重点成矿区，运用新理论、新方法、新技术，集中优势力量，切实加大铁矿地质找矿力度，取得重大突破。在鞍本、冀东、兖州、攀西、庐纵等勘查区共计探获铁矿石资源量（指 333+334 级别）近 50 亿吨，其中有 10 亿吨为探明资源储量，为进一步开发提供重要资源依据。2014 年，国土资源部以国土资发〔2014〕153 号印发《地质矿产调查评价项目管理办法》，对铁矿石资源的勘探进行了规范。由此，形成了新时期对我国铁矿石资源勘查和开发利用的政策支持体系，对于促进我国铁矿石资源的勘查与后续的开发利用创造了有利条件。

第六节 小结

本章首先探讨了当前中国宏观经济的发展现状与未来趋势，研究显示：我国的宏观经济整体上保持着平稳的发展态势，无论是从 GDP 还是从人均国内生产总值的绝对值、同比增长速度来看，都保持着较好的发展形势；宏观经济的稳定持续发展为"一带一路"沿线各国开展铁矿石产能合作提供了优越的经济环境。其次，基于 Verhulst 模型的分析，结合部分学者以及世界钢铁协会的预测数据：2021～2025 年，中国钢铁消费市场将进一步扩大突破 10 亿吨的销售量。从这一预测数据可知，我国当前的钢材消费量与最大峰值还存在一定的差距，因此，可以判断出在未来的一段时间内，随着我国经济持续发展、对外钢材（钢材相关制品）产品出口规模的持续扩大，我国的钢材需求量存在进一步上升的趋势。由此也必然带来对铁矿石需求量的增加，从而对我国的铁矿石供应形成一定的压力。最后，受到我国铁矿石品位较低等因素的限制，我国的铁矿石国内生产供给量与市场需求量之间还存在一定的矛盾。在此背景下，进口铁矿石资源成为解决我国铁矿石供给不足的关键性解决方式。此外，基于 GM（1，1）模型的预测数据，在"一带一路"的背景下，随着我国产能的对外转移，我国的铁矿石资源对外需求量也不断增加，由此也会导致对进口铁矿石资源需求量的持续增加。通过对中国铁矿石资源储量与开发政策进行分析可知，中国的铁矿石资源整体储量较大，但是受到铁矿石品位较低以及人口基数较大等众多因素的影响，中国铁矿石资源十分"短缺"，由此也产生了巨大的进口需求。在相关政策上，我国实施了鼓励铁矿石勘探、开采技术创新与加强对外进口等一系列政策。

Chapter Four

"一带一路" 国家
铁矿石资源储量与
开发政策

第一节 "一带一路" 国家的社会经济发展情况

为更好地促进中国与东南亚、中亚以及欧洲国家之间的经济合作，中国政府在 21 世纪的第二个十年内提出了重振陆上丝绸之路与海上丝绸之路的发展战略。截至 2019 年，加入"一带一路"的国家共有 65 个，现以陆上丝绸之路与海上丝绸之路为基础阐述"一带一路"国家的社会经济发展情况。当前，陆上丝绸之路经济带上国家的社会经济发展整体概况如下：

第一，经济总量与人均 GDP。2019 年，"一带一路"上的国家经济总量约为 29.36 万亿美元，约占全球经济总量的 1/3。目前，"一带一路"沿线国家的经济发展差异较大，附录 1 是"一带一路"上各国的经济发展指数，从表中的数据可知各国的经济发展指数整体上在不断地上升，但是整体发展指数均不高。当前，"一带一路"沿线国家的经济总量不仅存在巨大的差距，各国的国民人均收入也存在较为明显的差距。例如，"一带一路"沿线国家的卡塔尔 2019 年的人均 GDP 为 6.48 万美元，同期中国的人均 GDP 为 1.03 万美元，仅为卡塔尔的 15.90%。巨大的人均 GDP 差异使得"一带一路"沿线国家的经济合作存在较为明显的互补性。

第二，"一带一路"沿线国家经济发展所处的阶段。各国经济的发展处于不同阶段能够使得各国的经济产生互补性，从而形成推动区域经济合作发展的内在动力。根据对世界银行 WDI 数据库的数据进行汇总整理，得出如表 2-1 所示的"一带一路"沿线国家经济发展增速梯队划分数据。从图中数据可知，"一带一路"沿线国家主要处于中低速的增长状态，其中以俄罗斯为代表的国家正处于负增长的状态。在高速增长的国家中，中国的经济总量最大且市场最大。所以，在"一带一路"丝绸经济带上，中国市场具有较大的吸引力，能够为处于中低速以及经济负增长的国家提供广阔的铁矿石等矿产资源出口市场。所以，从"一带一路"沿线国家的发展速度来看，开展铁矿石产能合作具有现实可行性。

表4-1　2015~2019年"一带一路"沿线国家经济发展增速梯队划分

高速增长（>7%）国家	中速增长（4%~7%）国家	低速增长（<4%）国家		负增长国家
中国	马来西亚	新加坡	阿塞拜疆	俄罗斯
蒙古	印度尼西亚	泰国	亚美尼亚	文莱
缅甸	越南	阿富汗	波兰	科威特
柬埔寨	菲律宾	不丹	捷克	叙利亚
老挝	东帝汶	沙特阿拉伯	斯洛伐克	白俄罗斯
印度	尼泊尔	阿曼	匈牙利	乌克兰
土库曼斯坦	马尔代夫	以色列	拉脱维亚	
乌兹别克斯坦	巴基斯坦	伊朗	立陶宛	
	孟加拉	土耳其	斯洛文尼亚	
	斯里兰卡	伊拉克	爱沙尼亚	
	阿联酋	约旦	克罗地亚	
	卡塔尔	黎巴嫩	罗马帝亚	
	巴林	埃及	保加利亚	
	摩尔多瓦	也门	阿尔巴尼亚	
	吉尔吉斯斯坦	巴勒斯坦	塞尔维亚	
	塔吉克斯坦	格鲁吉亚	马其顿	
		哈萨克斯坦	波黑	
		黑山		

资料来源：世界银行 WDI 数据库。

第三，经济增长驱动力。不同的经济增长驱动力能够为各国相互取长补短。当前，"一带一路"沿线国家主要的经济增长驱动力包括以下几种类型：①能源与矿石驱动型。能源驱动型国家的能源与矿石储量较为丰富，因此，这些国家可以凭借能源与矿石的出口来实现国家经济的发展。例如，中东的卡塔尔、阿联酋等国的石油资源储量十分丰富，这些国家依靠石油能源的出口极大地促进了经济的发展。②对外开放驱动型。"一带一路"沿线国家根据自身的优势资源禀赋来开展经济活动。其中，对于能源与矿石资源储量相对贫乏的国家而言，开展对外开放以驱动经济发展也成为较为普遍的方式。例如，中国在人均资源拥有量较低的现实背景下大力推动对外开放，从而促进了经济的快速发展。③储蓄和投资驱动型。这类国家主要依靠接受对外投资以及进行国内储蓄来发展本国经济。例如，新加坡的发展离不开国际资本的投资，大量的国际资本进入为新加坡的社会经济发展创造了十分有利的环境。同时，中国也是一个高储蓄率国家，居民的储蓄存款为支持国民经济的发展创造了有利的条件。

第二节　"一带"国家的铁矿石资源储量与开发政策

一、丝绸之路经济带国家的铁矿石资源储量分析

"一带一路"倡议是在当前全球经济发展疲软的背景下，由中国政府主导多国积极参与的区域性经济合作发展战略。在"一带一路"发展倡议中，"一带"上的国家是其中重要的组成部分，并且这些国家国内也拥有大量的铁矿石资源以及铁矿石出口的需求。表4-2是"一带"国家的基本人口、经济以及铁矿石储量信息，从表中数据可知：在"一带"国家中，各国的铁矿石资源储量存在较大的差异，但整体资源储量较大。其中，俄罗斯、乌克

兰、哈萨克斯坦、伊朗是铁矿石探明储量最多的几个国家。"一带"上的国家大多经济发展水平不高或者是国内市场对铁矿石的消费相对较少,因此,这些国家大多数具有较大的铁矿石出口意愿与可行性条件。例如,蒙古国拥有丰富的铁矿石资源,但本国的消费较低,因此具有较为强烈的铁矿石出口意愿。整体而言,"一带"国家的铁矿石资源储量特征表现为:少数国家探明储量较大,受国内市场消费能力的影响,能够对外销售的铁矿石资源总量较大。

表4-2 "一带"国家的基本人口、经济以及铁矿石储量信息

国家	人口（万人）	经济总量（亿美元）	铁矿石探明储量（亿吨）
蒙古国	301.4	116.5	20
俄罗斯	14630.0	11327.4	250
哈萨克斯坦	1794.7	1161.5	25
土库曼斯坦	546.3	354	8
吉尔吉斯斯坦	605.9	60.3	17
乌兹别克斯坦	3134.3	616.5	11
塔吉克斯坦	865.5	62.5	9
阿富汗	3273.9	172.8	/
伊朗	8046.0	3861.2	25
伊拉克	3606.7	1484.1	/
格鲁吉亚	367.8	139.4	2
亚美尼亚	299.1	107.7	4
阿塞拜疆	949.2	351.4	3
土耳其	7855.9	7511.9	8
阿尔巴尼亚	288.5	122.7	4
波黑①	385.4	163.2	4
保加利亚	712.6	493.6	4

① 本书中,波黑指代波斯尼亚和黑塞哥维纳。

国家	人口 （万人）	经济总量 （亿美元）	铁矿石探明储量 （亿吨）
克罗地亚	420.4	499.3	/
捷克	1056.1	1852.7	7
爱沙尼亚	131.2	238.5	3
匈牙利	983.5	1177.3	3
拉脱维亚	197.6	281.8	2
立陶宛	287.5	430.2	/
马其顿	207.6	104.2	4
黑山	62.3	41.8	9
罗马尼亚	1986.9	1819.4	9
波兰	3800.3	4735	15
塞尔维亚	713.2	373.8	6
斯洛伐克	541.8	898	5
斯洛文尼亚	206.5	437.8	5
白俄罗斯	945.1	458.9	19
乌克兰	4250.1	835.5	65
摩尔多瓦	355.3	60.8	6

注：表中数据均为 2016 年且不包括中国数据；"/"代表未查找出该国数据或者是该国铁矿石储量不足 5 千万吨，下同。

资料来源：根据各国政府官方网站、中国社会科学院、中商产业研究院、互联网数据汇总整理。

二、丝绸之路经济带国家的铁矿石资源开发政策

铁矿石作为国家基础性矿产资源，在各国的发展中均具有重要的地位，但由于各国的社会经济发展水平、资源储量、环境保护要求等的不同，各国的铁矿石资源开发政策还存在一定的差异。表 4-3 是"一带"国家的主要铁矿石资源开发政策，从表中资料可知：目前，"一带"上的多数国家对铁矿石资源的开采均持鼓

励和支持的态度；仅有少数国家受国内铁矿石资源储量限制或战争等因素的限制而尚未出台明确的铁矿石资源开发政策或法律文件。整体而言，"一带"国家的铁矿石资源开发政策以鼓励、支持为主。

表 4-3 "一带"国家的主要铁矿石资源开发政策

国家	主要铁矿石资源开发政策内容
蒙古国	蒙古国历任政府均将开发矿产资源作为拉动其国民经济发展的重要政策之一，并在组织机构管理、政策法规支持方面予以重点关注。1997年，蒙古国家大呼拉尔议会通过第一部《蒙古国矿产资源法》。2006年7月8日通过了该法的新版，按新法规定，鼓励本国以及外国企业开发蒙古国的铁矿石资源，鼓励铁矿石出口与开采技术的创新升级。2014年，蒙古国家大呼拉尔议会通过了"矿产资源开发促进计划"议案，提出国家将进一步支持铁矿石资源的开发。2019年蒙古国家大呼拉尔发布国家铁矿石资源开发计划，进一步鼓励外国资本以合法形式参与到蒙古国的铁矿石资源开发中
俄罗斯	俄罗斯为推动本国矿产资源开发，制定了《矿产资源法》并在2006年推动实施了新版《矿产资源法》。该法律规定：俄罗斯联邦自然资源与生态部的3个司和3个局负责资源资产管理工作。上述机构全面负责与具体实施对外矿产资源贸易，其中，对铁矿石资源实施鼓励开发的政策，但国外企业仅拥有使用权。2019年俄罗斯联邦自然资源与生态部进一步制定了铁矿石开发与出口政策，鼓励中国企业依法进入俄罗斯铁矿石资源开采领域
哈萨克斯坦	哈萨克斯坦出台了《地下资源和地下资源使用法》，该法律规定对地下铁矿石等资源由国家统一拥有与管理，其中矿业部门为具体管理实施者。为促进铁矿石资源的开发，对国内外企业的勘探给予支持与财政补助支持，鼓励企业开发具有较高经济价值的铁矿石资源
土库曼斯坦	土库曼斯坦在2015年授权土库曼斯坦油气工业和矿产资源部统筹管理全国的油气与矿产资源。同期，土库曼斯坦油气工业和矿产资源部制定了铁矿石资源鼓励开发政策，并积极要求国外知名企业在土库曼斯进行铁矿石资源的勘探与开采。2020年土库曼斯坦政府进一步放宽了外资进入开发铁矿石资源的政策，外资进入的限制性门槛降低

国家	主要铁矿石资源开发政策内容
吉尔吉斯斯坦	1992 年吉尔吉斯斯坦出台了《矿产资源法》、1997 年出台了《地下资源法》，上述法律后经多次修改完善，加强了对吉尔吉斯斯坦铁矿石等资源开发的管控。吉尔吉斯斯坦负责地下资源开发利用和发展采掘工业的政府主管部门是"国家地质和矿产资源局"。目前，吉尔吉斯斯坦鼓励本国铁矿石资源的开发，从而促进本国工业经济的发展以增加国家总收入
乌兹别克斯坦	乌兹别克斯坦矿业的政府主管部门是乌兹别克斯坦国家地质和矿产资源委员会，主要依据的法律是 1994 年出台的《地下资源法》，该法律规定国家鼓励进行铁矿石资源的开发，对于勘探与开发初期的国内外企业根据不同情况进行补贴
塔吉克斯坦	塔吉克斯坦地质矿产总局发布了《塔吉克斯坦矿产资源开发基本法律以及本国矿产资源勘探开发基本法》，该法律文件指出塔吉克斯坦支持与鼓励国内外企业积极参与到本国的铁矿石资源勘探与开发过程中，并对相关企业给予一定的优惠政策条件
阿富汗	受战乱影响未出台明确的铁矿石资源开发法律法规或政策文件，有针对矿产资源开发的整体法律法规与政策内容，内容核心为支持国内外企业在监管下合理开发本国矿产资源
伊朗	伊朗伊斯兰议会 1998 年出台《矿山法》，对国家矿产资源进行统一开发管理。2005 年伊朗放宽矿业限制，结束国家对大型矿山的垄断经营。同时，鼓励国外企业与伊朗本地企业进行合作开发铁矿石资源，对于本土企业开发铁矿石资源进行财政支持与税收减免政策，并在相关科技进步上给予政策倾斜
伊拉克	受战乱与铁矿石资源储量影响，国内仅对矿产资源开发进行整体规定，尚未制定单独的铁矿石资源开发法律法规与国家级层面的政策
格鲁吉亚	/
亚美尼亚	/
阿塞拜疆	/

国家	主要铁矿石资源开发政策内容
土耳其	1985 年，土耳其出台了《土耳其矿业法》并在 2004 年对其进行了修正。该法律规定铁矿石资源属于国家，对铁矿石资源的勘探、开发则要求以国内企业为主，国外企业要有条件限制地开展相关铁矿石资源开发。近年来，土耳其政府对于外资进入其国内开发铁矿石资源的政策态度更为严厉，外资进入受到较多的限制
摩尔多瓦	/
波黑	尚未制定单独的铁矿石资源开发法律法规与国家级层面的政策
保加利亚	/
克罗地亚	/
捷克	捷克众议院为保护本国的生态环境，对铁矿石资源开发采取了严格的保护制度，捷克环境部制定了《矿产资源开发环境保护条例》，对本国的铁矿石资源开采实施了严格的环境保护政策和开采规模限制政策
爱沙尼亚	尚未制定单独的铁矿石资源开发法律法规与国家级层面的政策
匈牙利	尚未制定单独的铁矿石资源开发法律法规与国家级层面的政策
拉脱维亚	尚未制定单独的铁矿石资源开发法律法规与国家级层面的政策
立陶宛	尚未制定单独的铁矿石资源开发法律法规与国家级层面的政策
马其顿	马其顿共和国议会于 2001 年发布了矿产资源开发的指导性文件并在两年后以法律的形式确定了铁矿石资源开发的《矿产资源法》。该法规定马其顿政府应当支持国内外企业在合法与保护生态环境的情况下进行铁矿石资源的开采，但必须履行相关税费及保证金义务
黑山	/
罗马尼亚	尚未制定单独的铁矿石资源开发法律法规与国家级层面的政策
波兰	波兰议会对本国铁矿石资源的开发进行了立法规范，支持国内外企业开发铁矿石资源，但必须将环保作为其中的重点内容
塞尔维亚	尚未制定单独的铁矿石资源开发法律法规与国家级层面的政策
斯洛伐克	尚未制定单独的铁矿石资源开发法律法规与国家级层面的政策
斯洛文尼亚	尚未制定单独的铁矿石资源开发法律法规与国家级层面的政策

国家	主要铁矿石资源开发政策内容
白俄罗斯	放宽了外资进入本国铁矿石开发行业的政策，对本国铁矿石资源的出口限制性政策也有所放宽
乌克兰	根据该国矿业政策及法律，乌克兰政府对国内自然资源的战略制定具有最终的决议权，矿产的勘探和生产则由乌克兰矿业管理局监督管理。而矿产资源勘查和开采的特别许可则由 Geoservice 发放。为发展经济，近年来乌克兰大量进行矿产资源的开发，其中，政府对铁矿石资源的开发持积极的鼓励与支持态度，并且对于国外企业也给予本国国民同样的待遇
阿尔巴尼亚	阿尔巴尼亚议会批准阿经贸能源部管理全国的铁矿石资源，阿经贸能源部在 2013 年明确指出阿矿产资源丰富，欢迎有实力的外国企业来阿投资矿产采掘、加工业以便更好地利用这些资源。同时阿政府也将采取更严格的措施保障开发与环境保护间的平衡，如在矿业开采许可的发放中增加企业需提供环境治理保证金等条件

注：在部分国家未能够找到明确的铁矿石资源开发政策，以"/"来表示。

资料来源：根据各国政府资源类网站、美国布鲁金斯学会、兰德公司、北京大学国际战略研究院、中国社会科学院、国务院发展研究中心以及互联网资料汇总整理。

三、丝绸之路经济带国家的铁矿石资源出口政策

目前，丝绸之路经济带上的国家多为发展中国家，或者是虽然已进入发达国家行列但本国仍然存在较大的资源出口需要的国家。同时，受到丝绸之路经济带上各国对本国铁矿石资源消费需求的影响，各国均制定了不同的铁矿石资源出口政策。现将各国铁矿石资源出口政策进行分类，划分为鼓励出口、不鼓励不限制出口、限制出口三种类型，各国的铁矿石资源出口政策分类如表 4-4 所示，从表中数据可知：截至 2020 年，"一带"上有 15 个国家明确鼓励铁矿石资源出口，其中主要铁矿石生产

大国均支持铁矿石对外出口；在"一带"国家中仅有克罗地亚和土耳其限制铁矿石资源出口；有 16 个国家对铁矿石资源出口持不鼓励不限制出口。整体而言"一带"国家具有相对宽松的铁矿石资源出口政策环境。

表4-4 "一带"国家铁矿石资源出口政策分类

国家	鼓励出口	不鼓励不限制出口	限制出口	国家	鼓励出口	不鼓励不限制出口	限制出口
蒙古国	√			克罗地亚			√
俄罗斯	√			捷克		√	
哈萨克斯坦	√			爱沙尼亚		√	
土库曼斯坦	√			匈牙利		√	
吉尔吉斯斯坦	√			拉脱维亚		√	
乌兹别克斯坦	√			立陶宛		√	
塔吉克斯坦	√			马其顿	√		
阿富汗		√		黑山	√		
伊朗		√		罗马尼亚	√		
伊拉克		√		波兰	√		
格鲁吉亚		√		塞尔维亚	√		
亚美尼亚		√		斯洛伐克		√	
阿塞拜疆		√		斯洛文尼亚		√	
土耳其			√	白俄罗斯		√	
摩尔多瓦		√		乌克兰	√		
波黑		√		阿尔巴尼亚	√		
保加利亚	√						

注："√"表示该国的铁矿石出口政策类别。

资料来源：根据各国政府资源类网站、美国布鲁金斯学会、兰德公司、北京大学国际战略研究院、中国社会科学院、国务院发展研究中心以及互联网资料汇总整理。

第三节 "一路" 国家的铁矿石资源储量与开发政策

一、海上丝绸之路相关国家的铁矿石资源储量分析

随着我国对外贸易的不断发展以及远洋运输能力的进步，我国与东南亚、南亚以及其他印度洋沿岸国家的交往也日益密切。在此背景下，借助我国传统的海上丝绸之路所形成的沿线国家之间的联系，我国提出了"21世纪海上丝绸之路"的经贸合作发展策略并与陆上丝绸之路经济带共同构成了"一带一路"发展倡议。在"一路"沿线上有众多资源丰富的国家，其中铁矿石资源是"一路"经济带上仅次于油气资源的第二大类自然资源。目前，"一路"国家的基本人口、经济以及铁矿石储量信息如表4-5所示，从表中数据可知：在"一路"国家中，多数国家仍然属于发展中国家，而铁矿石探明储量较多的国家主要为印度、印度尼西亚，此外，东盟国家内部也有较大的铁矿石资源储量。

表4-5 "一路"国家的基本人口、经济以及铁矿石储量信息

国家	人口（万人）	经济总量（亿美元）	铁矿石探明储量（亿吨）
印度尼西亚	25880.2	9369.6	24
马来西亚	3152.3	3092.6	10
菲律宾	10419.5	3103.1	7
泰国	6898.1	4097.2	6
文莱	42.3	91	4

国家	人口（万人）	经济总量（亿美元）	铁矿石探明储量（亿吨）
越南	9263.7	2013.6	5
老挝	716.3	133.6	6
缅甸	5225.4	740.1	5
柬埔寨	1577.6	194.8	6
东帝汶	118.7	21	2
尼泊尔	2875.8	218.7	1
不丹	79.1	24.8	1
印度	130971.3	22887.2	81
巴基斯坦	18987	2699.7	6
孟加拉国	16151.3	2262.6	3
斯里兰卡	2125.2	848.1	1
马尔代夫	35.4	32.8	/
叙利亚	341.8	1850.2	4
约旦	697.6	398	2
以色列	852.8	3061.9	/
巴勒斯坦	2699.7	2699.7	/
沙特阿拉伯	3201.3	6182.7	3
巴林	131.9	300.8	2
卡塔尔	257.8	1708.6	/
也门	2913.2	373.1	3
阿曼	395.7	516.8	2
阿拉伯联合酋长国	985.6	3251.4	5
科威特	422.5	1062.1	/
黎巴嫩	459.7	528	/
埃及	9020.3	3307.7	2

注：表中数据均为 2016 年的且不包括中国数据。

资料来源：根据各国政府官方网站、中国社会科学研、中商产业研究院、互联网数据汇总整理。

二、海上丝绸之路相关国家的铁矿石资源开发政策

21世纪海上丝绸之路上的国家主要包括东南亚、北印度洋以及北非等国家。目前，这些国家中除中东部分石油富裕国家与新加坡外均为发展中国家，在本国的经济发展中均需要通过对资源的开发来促进经济的发展，因此存在较高的资源开发内在意愿。从"一路"国家的主要铁矿石资源开发政策来看，各国基本均以支持铁矿石资源的开发为主，虽然部分国家对铁矿石资源的开发附加了企业投资占比、生态环境保护等一系列要求。但是，合理开发铁矿石资源以促进经济发展已成为共识。截至2020年，"一路"国家的主要铁矿石资源开发政策见表4-6。

表4-6 "一路"国家的主要铁矿石资源开发政策

国家	主要铁矿石资源开发政策内容
印度尼西亚	根据印度尼西亚宪法，矿产资源属于国家所有，而为了鼓励境外资本投入矿业领域并促进该国经济发展，印度尼西亚政府早于1967年制定了相关法律，后不断对法律、政策进行修订，以改善投资环境。2009年1月12日，印度尼西亚正式颁布新的《矿产和煤炭矿业法》。根据该国法律规定，外国资本可以独资或合资的方式在印度尼西亚境内投资铁矿石资源开采领域，其经营期限为30年，并需在开业后15年内将企业股权部分转让给印度尼西亚籍企业或个人，转让股权的比例不少于5%。印度尼西亚铁矿石资源开发采取"工作合同制"，即投资者与该国政府签订协议，约定矿业投资、开采的相关内容，协议不受此后该国法律、政策变化的影响，具有极强的稳定性。近年来，为保护本国环境印度尼西亚在铁矿石开采上对国外企业的环保要求不断提升，在一定程度上增加了外资进入印度尼西亚铁矿石资源市场的成本

国家	主要铁矿石资源开发政策内容
马来西亚	马来西亚于 1994 年开始实施《矿产资源开发法》。该法律规定州政府负责本州矿权的管理，州政府下设矿产资源委员会（SMRC），具体负责矿业权的审批，委员会下设土地和矿山领导办公室（SDLM），负责矿产勘查许可证、勘探许可证和采矿权申请及延期申请的办理工作。同时马来西亚政府为了保护马来西亚本地人的权益，规定任何矿山的所有权不得转交给非马来西亚人，但外国人可以申请矿山的开采权
菲律宾	菲律宾允许任何有资质的菲律宾公民或菲方控股公司（菲方股份占 60% 以上）或外资公司（菲方股份少于 50%）在规定区域内进行各种矿产勘探活动。勘探结束后，菲律宾总统签发融资和技术援助合同（FTAA）。近年来，中菲关系得到改善，菲律宾政府对中国资本进入其铁矿石市场所给予的政策整体宽松化，有利于中菲之间在"一路"背景下开展铁矿石贸易合作
泰国	1967 年，泰国出台了《矿业法》并不断修改完善，1986 年成立了"国家矿产资源政策委员会"。根据泰国《矿业法》与国家矿产资源政策委员会的政策，泰国鼓励国内外企业在本国从事铁矿石等矿产资源的开发，从而促进泰国的经济发展
文莱	尚未制定单独的铁矿石资源开发法律法规与国家级层面的政策
越南	2005 年，越南发布了新修订的《矿产法》并在 2010 年进行了再一次修订，该法案明确指出，越南有条件支持铁矿石资源开发企业进行铁矿石开发
老挝	/
缅甸	缅甸联邦议会在 2009 年对《矿产资源法》进行了修订补充，该法律文件指出缅甸支持国外企业在缅甸境内从事铁矿石资源的开发工作，但相关开发工作应当与完善当地基础设施以及解决当地居民就业相结合

国家	主要铁矿石资源开发政策内容
柬埔寨	由于铁矿石资源储量不大,因此,要将铁矿石资源的开发利用纳入矿产资源整体开发利用的管理体系中。在柬埔寨当前的矿产资源开发政策中,以鼓励资源的合理开发为主,对于国外投资者也持鼓励态度
东帝汶	尚未制定单独的铁矿石资源开发法律法规与国家级层面的政策
尼泊尔	尚未制定单独的铁矿石资源开发法律法规与国家级层面的政策
不丹	尚未制定单独的铁矿石资源开发法律法规与国家级层面的政策
印度	印度是南亚主要的铁矿石产地,为规范其铁矿石资源开采,印度制定了《印度矿山与矿产(管理与开发)法》,该法律规定政府要对铁矿石资源开采进行统一管理,铁矿石的开采必须由印度个人或印度企业为主。印度规定 64% 品位以上的铁矿石出口需要许可证,支持对铁矿石进行深加工。目前,印度在铁矿石资源出口上逐渐收紧了相关政策,如进行配额限制、环保限制等
巴基斯坦	巴基斯坦政府于 1995 年 9 月首次颁布国家矿产政策,其中包括矿权保障及对勘查的鼓励措施。巴基斯坦政府支持有资质的巴基斯坦公民或巴方控股公司或外资公司,可以开发和利用铁矿石资源
孟加拉国	国内铁矿石资源储量较小,将铁矿石资源的开发利用纳入矿产资源整体开发利用的管理体系中。对铁矿石资源开发整体持中立态度
斯里兰卡	尚未制定单独的铁矿石资源开发法律法规与国家级层面的政策
马尔代夫	尚未制定单独的铁矿石资源开发法律法规与国家级层面的政策
叙利亚	受战乱与铁矿石资源储量影响,国内仅对矿产资源开发进行整体规定,尚未制定单独的铁矿石资源开发法律法规与国家级层面的政策
约旦	尚未制定单独的铁矿石资源开发法律法规与国家级层面的政策
以色列	尚未制定单独的铁矿石资源开发法律法规与国家级层面的政策
巴勒斯坦	受战乱与铁矿石资源储量影响,尚未制定单独的铁矿石资源开发法律法规与国家级层面的政策

国家	主要铁矿石资源开发政策内容
沙特阿拉伯	尚未制定单独的铁矿石资源开发法律法规与国家级层面的政策
巴林	尚未制定单独的铁矿石资源开发法律法规与国家级层面的政策
卡塔尔	尚未制定单独的铁矿石资源开发法律法规与国家级层面的政策
也门	尚未制定单独的铁矿石资源开发法律法规与国家级层面的政策
阿曼	尚未制定单独的铁矿石资源开发法律法规与国家级层面的政策
新加坡	国内几乎没有铁矿石资源分布
阿拉伯联合酋长国	/
科威特	尚未制定单独的铁矿石资源开发法律法规与国家级层面的政策
黎巴嫩	尚未制定单独的铁矿石资源开发法律法规与国家级层面的政策
埃及	2015 年，埃及总理易卜拉欣·马哈拉卜颁布新《矿产法》的实施细则，标志着这部旨在优化矿产资源开发的法律正式实施。新《矿产法》及其实施细则进一步促进矿产领域投资，建设矿产资源相关的工业项目和矿产工业区，满足国内对矿产资源的需求，同时增加青年就业机会，吸引国外和国内的投资，从而增加埃及财政收入。在新《矿产法》中要求大力开发本国的铁矿石资源，从而提高铁矿石的产量并带动矿区经济发展

注：部分国家未能够找到明确的铁矿石资源开发政策，以"/"来表示。

资料来源：根据各国政府资源类网站、美国布鲁金斯学会、兰德公司、北京大学国际战略研究院、中国社会科学院、国务院发展研究中心以及互联网资料汇总整理。

三、海上丝绸之路相关国家的铁矿石资源出口政策

各国的铁矿石资源出口政策直接影响到在"一带一路"倡议下中国与其他国家之间的铁矿石贸易合作能否得到顺利进行。结合"一路"国家铁矿石资源主要开发政策与出口政策的分析可知："一路"国家对铁矿石资源的出口以鼓励和中立两种态度为主，少数国家从本国的发展需求、环境保护等因素的考虑而限制铁矿石资源的出口。截至 2020 年，"一路"国家铁矿石资源出口

政策分类如表 4-7 所示，从表中数据可知：除以色列、新加坡、不丹这类铁矿石资源国内储量较低的国家外，其他国家整体上对铁矿石资源的出口持认可态度。由此表明，我国在与"一路"国家开展铁矿石资源的合作上具备经济可行性，对于双方均具有共赢面。

表 4-7 "一路"国家铁矿石资源出口政策分类

国家	鼓励出口	不鼓励不限制出口	限制出口	国家	鼓励出口	不鼓励不限制出口	限制出口
印度尼西亚	√			马尔代夫		√	
马来西亚	√			叙利亚	√		
菲律宾	√			约旦		√	
泰国	√			以色列			√
文莱		√		巴勒斯坦		√	
越南	√			沙特阿拉伯		√	
老挝	√			巴林		√	
缅甸	√			卡塔尔		√	
柬埔寨	√			也门		√	
东帝汶		√		阿曼		√	
尼泊尔		√		新加坡			√
不丹			√	阿拉伯联合酋长国		√	
印度	√			科威特		√	
巴基斯坦	√			黎巴嫩		√	
孟加拉国		√		埃及	√		
斯里兰卡		√					

注："√"表示该国的铁矿石出口政策类别。

资料来源：根据各国政府资源类网站、美国布鲁金斯学会、兰德公司、北京大学国际战略研究院、中国社会科学院、国务院发展研究中心以及互联网资料汇总整理。

第四节　小结

　　本章探讨了"一带一路"背景下中国以外的其他国家铁矿石资源储量与相关开发政策。"一带一路"国家的铁矿石资源整体储量较大，探明总量达到了676亿吨。同时，"一带一路"沿线国家对于铁矿石资源的开发与出口整体上以认可或鼓励态度为主。由此能够为推动"一带一路"沿线国家铁矿石资源贸易活动的开展创造有利的条件。

Chapter Five

"一带一路"背景下
铁矿石产能国际
合作效益分析

第一节　直接经济效益分析

在"一带一路"背景下，中国与沿线其他国家开展铁矿石产能合作具有重大的经济意义，对于铁矿石合作的双方而言，均能够实现优势资源的出口与稀缺资源的进口，从而促进双方经济的发展。对于中国而言，实施铁矿石产能的国际合作能够缓解国内的交通压力，降低本国的铁矿石使用成本和钢铁企业的生产成本。对于沿线国家而言，也能够带动铁矿石资源的出口创汇，增加本国的就业岗位以及促进本国的采掘工业发展等。

一、中国铁矿石资源进口的国内运输替代效益

中国海关与中国钢铁工业协会共同发布的数据显示，2020年我国铁矿石进口11.7亿吨，相比于2019年10.7亿吨的进口量增长了9.35%，在新冠肺炎疫情背景下实现上述同比增长率反映了我国在铁矿石进口方面的巨大需求。图5-1是2016~2020年中国铁矿石进口量数据，从图中数据可知，自2016年以来，中国的铁矿石进口量总体呈现波动上升的态势。中国钢铁工业协会预计2025年我国的铁矿石进口总量将超过13亿吨。如此庞大的铁矿石进口规模如果单纯依靠国内铁矿石供给，那么将会对本国的铁矿石运输形成巨大的压力。2020年，淡水河谷、力拓、必和必拓和FMG铁矿石品位分别为53.60%、63.00%、54.66%以及59.67%，四大矿山平均品位为56.07%。根据美国地质调查局统计，2020年全球铁矿石原矿储量为1830亿吨，铁矿石含铁量为891亿吨，由此计算世界平均铁矿石品位为48.69%，中国的铁矿石品位仅有34.29%。现以2016年中国进口铁矿石资源总量为基础数据进行如下分析：

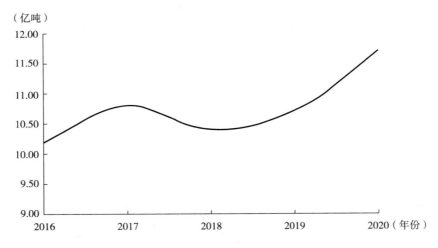

图 5-1　2016~2020 年中国铁矿石进口量

资料来源：中国海关与中国钢铁工业协会发布数据汇总整理。

假设：国内铁矿石资源能够无限供应，在供应量上能够完全替代进口铁矿石资源总量。

1 吨世界平均品位铁矿石/1 吨中国平均品位铁矿石 = 48.24%/34.29% = 1.407

由此可以构建如下线性关系：

$$y = 1.407x \qquad\qquad 式（5-1）$$

其中，y 表示以中国平均品位铁矿石为标准下替代国外进口铁矿石所需要的国内铁矿石总量，x 表示我国单位时间内进口的铁矿石总量。例如，2016 年我国进口铁矿石 10.24 亿吨，要取代上述进口替代值则需要 1.407×10.24 = 14.408（亿吨）。

目前，我国国内常用的铁矿石运输方式为铁路运输、内河航运以及公路运输。例如，中国铁路总公司 2016 年的工作报告可知，2016 年全国铁路运输铁矿石 7.875 亿吨，动用车厢 13125016 节，平均每节运载约 60 吨铁矿石。由于国内生产的铁矿石能够由内河运输来承担的总量较低，因此，本书在此忽略不计。由公路汽车承运的铁矿石约为 2.614 亿吨①，以常规 35 吨矿石载重汽车来进行运输，需要 7468571 车次的运输。由此可得：

$$H = 1.407x/60 \qquad\qquad 式（5-2）$$
$$Q = 1.407x/35 \qquad\qquad 式（5-3）$$

其中，H 进口替代背景下全部铁矿石采用国内供应由此需要增加的火车车厢数量；Q 表示同等条件下需要增加的载重运输汽车的数量。

根据式（5-1）可计算出 2014～2020 年我国海外进口铁矿石资源转化为国内替代情况下需要的铁矿石资源总数，再将其分别折算为需要采用的火车或汽车运输工具数，得到如表 5-1、图 5-2 所示的数据。从表 5-1 与图 5-2 中的数据可知：如采取进口替代措施，国内替代规模将呈现持续上涨的态势；同时，单纯火车运输所需车厢数量或单纯汽车运输所需车辆数量均同步保持快速增长的态势。

表 5-1　2014～2020 年海外进口铁矿石国内替代转化数据与运输增加量数据

时间	国内替代 （亿吨）	单纯火车运输 所需车厢数量（节）	单纯汽车运输 所需车辆数量（辆）
2014 年	9.286	15477000	26532000
2015 年	9.652	16086700	27577200
2016 年	10.468	17446800	29908800
2017 年	11.537	19229000	32964000
2018 年	11.960	19932500	34170000
2019 年	13.409	22347850	38310600
2020 年	14.408	24012800	41164800

资料来源：根据中国海关与中国钢铁工业协会发布数据汇总整理。

---

① 注：30km 内承担转运火车或轮船铁矿石的运载量未计入其中。

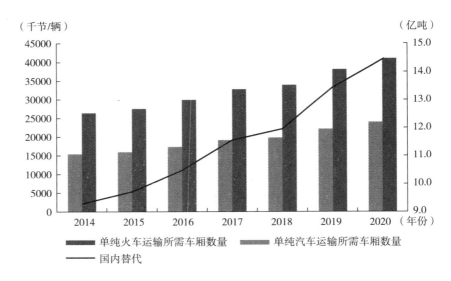

图 5-2　2014~2020 年海外进口铁矿石国内替代转化与运输增加量变化趋势

资料来源：根据中国海关与中国钢铁工业协会发布数据汇总整理。

从上述数据可知，如果采取完全替代的模式，即不进口铁矿石。由此，我国将增加较大的国内铁矿石运输压力，进一步对铁路运输系统与公路运输系统形成巨大的负荷压力并加剧铁路与公路的损坏速度。而从海外进口铁矿石则可以较大程度上缓解由此造成的国内交通运输压力，形成铁矿石进口的国内交通运输替代效益。

二、中国铁矿石资源进口的开采成本效益

目前，国内市场上的铁矿石供应，从来源地分为澳大利亚、巴西等传统进口国、国产铁矿石和"一带一路"沿线国家的进口铁矿石，且数量供应充足，质量符合使用要求。按照品位折合后国内铁矿石使用成本为 37.91 美元/吨，以澳大利亚为代表的主要铁矿石出口国的铁矿石开采成本为 17.68~18.44 美元/吨，"一带一路"沿线国家的铁矿石进口成本为 12.91~14.23 美元/吨。但

在钢铁企业的采购选择上并没有因为价格的较大差异而过分偏激，既有使用某一种的，也有两种或三种同时使用的，说明这三大类铁矿石虽然价格不同，但在较大的价格差异之下所蕴含的内在采购使用价值却是基本均衡的。

就采购和使用来说，价格和风险是其主要衡量指标，因此这种现象说明这三大类铁矿石中，价格高的风险低，价格低的风险高。即：这时价格的高低与风险的高低成反比。

若把风险的高低用风险系数 K 来标定，并在 0 和 1 之间取值，则采购使用价值 N 与价格之间的关系可以表示为：

$$n = \frac{价格}{1 - K} \qquad\qquad 式（5-4）$$

既然三大类铁矿石采购使用价值 N 是基本均衡相等的，那么价格的差异就表明这三大类铁矿石中风险系数不同。分别用：

K_1 表示国内铁矿石风险系数；

K_2 表示以澳大利亚为代表的主要铁矿石出口国的铁矿石风险系数；

K_3 表示"一带一路"国家的铁矿石风险系数；

把三类不同铁矿石价格代入上述公式，得：

$$K_1 = 1 - \frac{37.91}{N}$$

$$K_2 = 1 - \frac{17.68 \sim 18.44}{N}$$

$$K_3 = 1 - \frac{12.91 \sim 14.23}{N}$$

钢铁企业在购买铁矿石的成本支出中，铁矿石的开采成本是其中的重要组成部分。美国地质调查局发布的数据显示：2016年，以澳大利亚为代表的主要铁矿石出口国的铁矿石开采成本约为 12.72 美元/吨，而全球平均的铁矿石开采成本约为 16.89 美元/吨。但是，根据中国钢铁工业协会与多家铁矿石生产企业发布的数据，我国铁矿石的开采成本高达 30.16 美元/吨①。巨大的开采成本差异导致我国钢铁企业在购买国内的铁矿石时需要支付较高的成本。图 5-3 是 2010~2020 年国内、国际铁矿石开采成本对比，从图中可知：近年来国内、国际铁矿石的开采成本均在不断地上升，但国内铁矿石开采的成本上升速度明显高于国际平均标准。

由于国内外铁矿石的开采成本存在较大的差异，在不考虑其他因素的影响下进口国外的铁矿石产品能够节约国内铁矿石使用者的成本。这种成本的节约机制表现为：提高进口替代，降低了对国内铁矿石开采的需求量，从而节约了国内铁矿石开采的成本支出。

图 5-3 2010~2020 年国内、国际铁矿石开采成本对比

资料来源：《中国矿产资源报告 2020》。

三、中国铁矿石资源进口的钢铁行业效益

中国作为全球主要的钢铁生产大国与铁矿石主要进口国，大

---

① 参见 http://www.chemmade.com/news/detail-00-33360.html。

量进口铁矿石以满足国内钢铁工业生产的需要对于整个钢铁工业的发展具有十分重要的意义。铁矿石资源进口的钢铁行业效益直接表现为降低铁矿石的使用成本。

目前，随着国外主要铁矿石供应企业不断提高铁矿石的出口价格，我国钢铁企业购买海外铁矿石的成本在不断地上升。但是，与国内生产的铁矿石成本相比，在考虑到铁矿石的品位后，海外铁矿石的购买成本从整体上看仍然较低。

现根据我国各月进口铁矿石的到岸价格，计算出各年度铁矿石进口到岸价格，具体方法如下：

假设各月铁矿石到岸价格为 P_{in}（美元/吨），各月铁矿石进口量为 D_{in}（吨），年度铁矿石到岸价格为 P_n（美元/吨），则有：

$$P_n = \frac{\sum_{i=1}^{12} P_{in} \times D_{in}}{\sum_{i=1}^{12} D_{in}} \quad i = 1, 2, 3, \cdots, 12 \qquad \text{式（5-5）}$$

其中，i 代表一年中的各个月，n 代表年份；各月铁矿石到岸价格 P_{in} 与各月铁矿石进口量 D_{in} 均可从海关网站获取，由此计算出 2006~2016 年我国各年铁矿石平均到岸价格。

同时，以我国排名前十位的钢铁企业进口铁矿石的平均陆路运输成本（港口到钢铁厂之间的运输成本）作为全国进口铁矿石陆路运输的平均成本，计算公式如下：

$$L_c = \frac{\sum_{i=1}^{12} \sum_{m=1}^{10} l_{cim} \times D_{im}}{\sum_{i=1}^{12} \sum_{m=1}^{10} D_{im}} \quad i = 1, 2, 3, \cdots, 12; \ m = 1, 2, 3, \cdots, 10$$

$$\text{式（5-6）}$$

其中，L_c 代表全国进口铁矿石陆路运输的平均成本（美元/吨），m 代表排名前十位的钢厂（如 $m = 1$，则代表排名第一位的钢厂），l_{cim} 代表某一钢厂某月份进口铁矿石的平均运输成本（美元/吨），D_{im} 代表某一钢厂某月份的铁矿石进口量（吨）。则国内钢铁企业使用进口铁矿石的成本为：

$$P_z = \frac{\sum_{i=1}^{12} P_{in} \times D_{in}}{\sum_{i=1}^{12} D_{in}} + \frac{\sum_{i=1}^{12} \sum_{m=1}^{10} l_{cim} \times D_{im}}{\sum_{i=1}^{12} \sum_{m=1}^{10} D_{im}} \qquad 式（5-7）$$

利用式（5-7）计算出 2010~2020 年我国钢铁企业使用进口铁矿石的成本，具体如表 5-2 所示：从表中数据可知我国钢铁企业使用进口铁矿石的成本在不断上升，以 2010 年为基数，到 2020 年累计上涨 48.33%。

表 5-2　2010~2020 年我国钢铁企业进口铁矿石的使用成本

时间	进口铁矿石的使用成本（美元/吨）	同比增长率（%）	折合为国内平均品位铁矿石成本（美元/吨）
2010 年	28.09	/	19.97
2011 年	29.87	6.33	21.23
2012 年	27.70	-7.26	19.69
2013 年	28.58	3.19	20.32
2014 年	30.08	5.25	21.38
2015 年	31.57	4.95	22.44
2016 年	32.60	3.26	23.17
2017 年	34.56	6.01	24.57
2018 年	35.71	3.33	25.38
2019 年	38.72	8.43	27.53
2020 年	41.67	7.61	29.62

资料来源：根据中国海关、中商情报网发布数据整理。

近年来，受到国内铁矿石开采成本不断上升以及交通运输与劳务成本持续上涨等一系列因素的影响，我国钢铁企业在使用国内铁矿石中所付出的成本也在不断地升高。全国钢联发布的数据显示，我国钢铁企业 2020 年的平均国内铁矿石使用成本高达 39.72 美元/吨，远高于进口铁矿石的使用成本。图 5-4 是 2010~2020 年我国国内与进口铁矿石的使用成本对比变化图，从图中数据可知：虽然进口铁矿石的使用成本在不断地上升，但与国内铁矿石的使用成本相比，国外进口铁矿石的使用成本仍然具有一定的优势。以2016年我国的铁矿石进口量为基数，2016年我国进口铁矿石为10.24亿吨，折合国内平均品位为14.408亿吨；由此可以为钢铁企业节约成本 = 14.408×（37.91－24.67）= 190.77亿美元。因此，能够为钢铁行业生产成本降低做出贡献，进而有利于增加钢铁行业的整体效益。所以，实施铁矿石的对外进口战略具有重要的产业效益意义。

图5-4　2010～2020年我国国内与进口铁矿石的使用成本对比变化

资料来源：根据中国海关、北京大学国际战略研究院、全国钢联、互联网资料汇总整理。

第二节　间接经济效益分析

在"一带一路"背景下，中国与沿线国家进行铁矿石产能的国际合作不仅仅局限于简单的铁矿石直接贸易。目前，随着中国与"一带一路"沿线国家在经济与政治合作上的密切度不断提升，中国与"一带一路"沿线国家的铁矿石产能贸易已经在向铁矿石深加工的综合领域发展。中国与其他国家的铁矿石贸易也逐渐从单一节点的合作，延伸到铁矿石国际产能合作的整个供应链体系中。由此，能够为中国带来的间接效益更为多样化。本节现以矿山生态环境维护效益与居民生活环境改善效益为例进行探讨。

一、矿山生态环境维护效益

矿产资源的开采往往与矿山生态环境破坏相关联，并且在矿产资源开采冶炼的过程中还会形成对地下水环境的影响。以铁矿石的开采与进口替代为例，所造成的矿山生态环境破坏与矿山生态环境维护作用具体表现为：

第一，矿山植被破坏与维护。在进行铁矿石的开采过程中，无论是露天开采还是地下开采，均会对地表植被造成较大的破坏，尤其是露天开采所形成的地表植被破坏更是十分严重。同时，受到铁矿石矿山的地质环境影响，这类矿山的植被生长难度较大，所以植被一旦被破坏，短期内也往往无法恢复。根据环保部发布的数据，我国每年因铁矿石开采而造成的植被破坏面积达到 7.09 万平方千米，与我国每年新增的植被恢复面积大体相当。而铁矿石的海外进口则可以降低对国内铁矿石的开采量，从而间接为维护矿山植被生态环境做出贡献。通过进口替代能够满足我国钢铁工业的铁矿石需求，从而可以放弃或减少对一些低品位铁矿石的开采，进而间接实现对植被生态环境的保护。

第二，水土流失与维护。铁矿石资源的开采不仅会直接造成矿山表面植被的破坏，还会进一步造成水土流失，由此进一步加剧了矿山生态环境的恶化。目前，虽然我国对于铁矿石开采而造成的水土流失规模尚未进行定量化测定，但从定性的角度来描述铁矿石开采而导致水土流失的文献较多。以知网数据库与万方数据库为例，在 2016 年与"铁矿石开采、水土流失"主题相关的研究论文多达 209 篇，由此间接反映出该问题的严重性与学术界的高度关注。在铁矿石富集区地表土壤层一般较薄且土壤形成的历史时间较长,而铁矿石开采对土壤层会形成较为严重的影响,从而使得土壤层破碎并失去植被的保护。由此,在夏季降水较为集中的情况下极易形成大规模的水土流失并进一步形成对河道的淤积。此外,铁矿石矿山上的土壤形成时间较少,因此一旦破坏对人类而言修复时间往往需要几十年甚至上百年。而铁矿石的进口则降低了对国内铁矿石开采的需求量,由此能够使更多的铁矿石矿山被保护,从而减轻铁矿石矿山的水土流失情况。

第三,地下水、固体废弃物污染与维护。在铁矿石的开采过程中还需要对其进行一定的筛选,而在这一过程中将产生大量的废水。这些废水的排放不仅仅会污染地表水,更为重要的是将对地下水造成污染。地下水的污染一方面不易被察觉,另一方面污染滞留的时间也较长。同时,在铁矿石的开采与精选的过程中也会形成大量的固体废弃物,当前受到我国企业环保意识以及环保成本等多重因素的影响,铁矿石开采企业对于固体废弃物的处理一般较为简单,部分小型的铁矿石生产企业在固体废弃物的处理上更是缺乏规划性与环保措施。而铁矿石的进口则避免了对我国矿区地下水污染以及固体废弃物污染,间接地保护了铁矿石矿区的生态环境。

二、居民生活环境改善效益

铁矿石的开采与冶炼不仅对生态环境会造成直接的危害,同时对居民的生活环境也会造成一定的影响。铁矿石的开采如果相关防护措施处理不当将对居民的生活环境形成较大的污染,从而影响到居民的身体健康。图5-5是我国七大铁矿石产区居民的尘肺病发生率与同期全国居民的尘肺病发生率数据,从图中数据可知:自1980年以来,七大铁矿石产区居民的尘肺病发生率均高于同期的全国平均水平。铁矿石的开采对当地的大气、水体均会造成一定的污染,同时对矿区核心区的居民还会形成一定的噪声污染。这些污染的长期存在导致居民的生活环境下降,严重影响了居民的健康。铁矿石的进口替代则在一定程度上降低了我国铁矿石产区的环境污染程度，从而有利于促进我国铁矿石产区居民生活环境的改善。同时，这对于当前我国日益严重的环境问题也具有一定的解决效益，能够为整个社会的发展创造更好的环境条件。

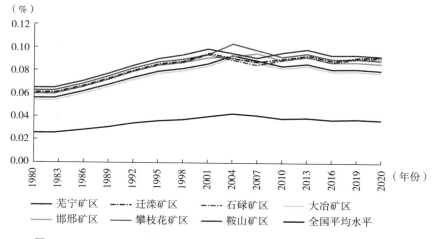

图 5-5 1980～2020 年七大铁矿石产区与全国居民的尘肺病发生率

资料来源：国家卫生和计划生育委员会网站，http：//www. nhfpc. gov. cn/zhuz/index. shtml。

第三节 铁矿石产能国际合作的负效应

一、铁矿石资源区的区域经济发展

随着资源在我国的开发，我国兴起了一批基于资源生产与加工的城市，如鞍山、大冶以及攀枝花等。在这些城市的发展过程中，铁矿石的生产起到了巨大的带动作用，虽然近年来我国大力推动资源型城市的发展转型，但不可否认的是，当前绝大多数资源型城市尚未脱离对资源生产的高度依赖性。对于铁矿石生产的资源型城市而言，铁矿石的生产是城市经济发展的基础，也是城市就业、税收的重要来源。但是，铁矿石的进口替代将使得这些城市的铁矿石生产面临更大的竞争，由此导致这些城市的铁矿石开采产业发展难以为继或者是发展速度下降。现以湖北省大冶市为例进行说明。

湖北省大冶市是中国中部地区知名的铁矿石产区，其产品主要供应宝武钢铁集团武汉分部（原武钢集团）。但是，受到大冶铁矿开采难度的增加以及进口铁矿石影响，进入 2000 年以后，由于经济效益较低导致大冶市的铁矿石生产规模不断地缩小，由此导致大冶市的铁矿石采矿工业持续低迷并最终关停了绝大多数采矿厂。图 5-6 是大冶市经济总量及其占黄石市的比重（大冶市属县级市，论属地级市黄石市管辖），从图中数据可知：1975~1997 年，大冶市的 GDP 总量迅速增加且占黄石市的 GDP 比重也在不断地上升，随后受到我国加大海外铁矿石进口力度以及本地区铁矿石资源逐渐枯竭等多因素的影响，大冶市的 GDP 增速放缓且占黄石市的 GDP 比重不断缩小。截至 2020 年，大冶市的 GDP 占黄石市的比重不足 50%，同期也是大冶市铁矿石开采产业产值大幅下降的时段。

所以，实施铁矿石进口政策将对国内铁矿石产区的经济发展造成一定的负面影响。在"一带一路"框架下开展铁矿石贸易合作，能够进一步降低我国当前的铁矿石进口成本，从而形成对国内铁矿石生产产生更强的冲击，因此，会对铁矿石资源区的区域经济发展造成挑战。虽然铁矿石产量的下降对大冶市的资源经济发展造成了一定的压力，但这也给大冶市推动城市经济转型发展创造了新的机遇。例如，随着资源经济发展的萎缩，大冶市政府开始大力推动旅游产业与制造业的发展，对于促进城市经济转型间接提供了有力的支持性条件。

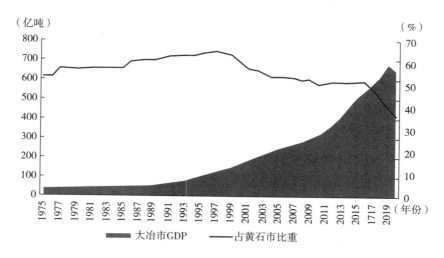

图 5-6　1975~2020 年大冶市 GDP 及其占黄石市 GDP 比重

资料来源：各年度的《黄石统计年鉴》、大冶市《2020 年国民经济和社会发展统计公报》。

二、劳动力就业

我国是一个人口大国，居民的就业问题一直是政府与社会较为关注的问题。居民就业不仅涉及产业经济问题，也直接关系到社会问题。整体而言，我国当前的就业形势十分严峻，社会工作岗位的有效供给整体小于劳动力市场的需求。当前，我国有约 2亿农村富余劳动力需要转移，而每年累计约有 1000 万应届与非应届大学生需要就业岗位。在此背景下，铁矿石生产作为一种对劳动力需求量较大的产业，对于解决居民的就业问题具有十分重要的意义。但是，在"一带一路"背景下，大量进口国外铁矿石会造成对国内铁矿石生产产业的岗位替代，由此导致大量的居民无法获得充足的就业。铁矿石进口对我国居民的就业替代量计算如下：

$$U_n = 1.407x / F_n \tag{式（5-8）}$$

其中，U_n 表示在第 n 年铁矿石进口形成的劳动力替代数量

（名），F_n表示在第 n 年单个劳动者的平均年铁矿石生产量。F_n可由中国钢铁工业协会发布的数据获取，由此可计算 2010~2020 年我国铁矿石进口对国内铁矿石开采行业的劳动替代数据，具体如图 5-7 所示，从图中数据可知：铁矿石进口对我国国内铁矿石生产所形成的岗位替代规模越来越大，截至 2016 年，已经超过 28 万个工作岗位。在"一带一路"的发展背景下，其他国家的廉价铁矿石进口将进一步对国内铁矿石产生替代，由此进一步加大国内铁矿石生产行业的岗位流失规模，最终对国内的劳动力就业造成影响。虽然铁矿石资源的进口会在一定程度上造成对铁矿石生产岗位的替代，但也创造了与铁矿石进口贸易与运输相关的其他工作岗位。因此，对于劳动力就业方面所形成的负面影响，可以通过在其他产业上增加就业岗位来进行负面影响的转化。

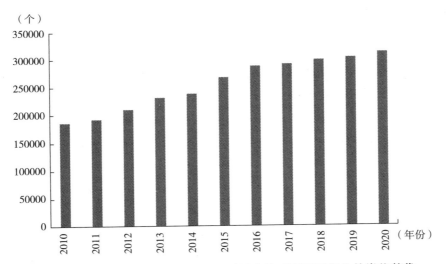

（个）

图 5-7　2010~2020 年铁矿石进口对国内铁矿石开采行业的岗位替代

资料来源：中国钢铁工业协会，并经过笔者计算整理得到。

三、国际铁路与海洋运输压力

铁矿石的进口虽然直接缓解了国内运输的压力，但也对我国海洋运输增加了新的压力。同时，在"一带一路"背景下，从"一带"国家进口铁矿石会对我国的国际铁路运输造成巨大的压力。从"一带"上的国家来看，俄罗斯、蒙古国、哈萨克斯坦、乌克兰将是我国进口铁矿石的主要源地，这些国家的铁矿石进口主要依靠国际铁路运输。当前，我国的国际铁路运输整体能力不强，铁矿石作为一种体积较大且质量较重的货物，将促使我国的国际铁路运输做出调整。同时，在"一路"上，印度、印度尼西亚、伊朗等国将是我国的主要铁矿石进口源地，这些地方的铁矿石进口多依赖海洋运输。但随着我国对外经济的不断发展，我国海洋运输的压力也在不断地加大，我国每年用于石油、大宗矿产品、大型工业制成品运输的轮船吨位占到了海洋运输总吨位的85％以上。因此，加大对"一路"国家的铁矿石进口将进一步增加海洋运输的压力，并且还需要增加对海洋运输能力建设的成本投入。

在"一带一路"背景下，从国外进口铁矿石虽然会在短期内增加国际铁路与海洋运输的压力，但这种压力的倒逼作用会促使交通运输部门不断地改进运输工具的效率，并不断推出更为优化的运输路线。因此，对于国际铁路与海洋运输的压力也能够通过积极的应对，将其转化为促进交通运输业发展的外在间接因素之一。

第四节　正负效益下"一带一路"铁矿石产能国际合作的可行性分析

一、基于博弈论的正负效益对比

从本书研究的"一带一路"背景下铁矿石国际产能合作"这

一主题来看，博弈论体现了"一带一路"沿线国家在进行铁矿石进出口贸易上存在的利益博弈的状况，即各国为实现本国利益的自动化而做出的铁矿石产能合作与否以及合作层次等。"一带一路"背景下，各国为更好地实现自身的发展权益，均具有合作的基础条件与需求。但是，各国也有自己个性化的发展需要，并且在某些发展利益上会产生一定的冲突。由此，在"一带一路"铁矿石产能国际合作下，中国与各方均存在一种博弈合作关系，而在这种博弈合作中"趋利避害"，不断放大各方的正向效益并压缩负向效益是合作得以顺利开展的关键。同时，在"一带一路"背景下，各国的博弈也呈现出多次重复博弈的特征。即在"一带一路"背景下各国开展铁矿石产能合作，所形成的博弈次数较多且在重复博弈中各方的优势地位也可能出现一定的转换。

现在假设"一带一路"上的各方在进行博弈时都是理性状态，那么各方就会根据自己的最大获益情况来进行发展策略制定。对于"一带一路"上具有丰富铁矿石出口需求的国家而言，若没有其他约束与限制性条件，它们将会选择不断提高铁矿石的价格并且尽可能不承担运输责任。对于中国而言，则希望铁矿石进口价格越低越好且能够"送货上门"。在这种模式下，双方均不断地提升自身的正向收益，由此导致合作无法实现。由于合作无法实现，将使得双方重新审视各自的正向与负向利益并寻找其中的博弈平衡点。

对于"一带一路"上的铁矿石出口国而言，向中国出口铁矿石的正负向效益主要包括以下内容：

第一，向中国出口铁矿石的主要正向效益包括：首先，创汇效益。铁矿石的出口对于"一带一路"沿线国家而言均是创汇的一种有效手段。例如，2017～2019年，蒙古国每年向中国出口的矿产资源创汇总额，平均占到内蒙古外汇来源的31.4%。目前，"一带一路"上具有丰富铁矿石可供出口的国家除俄罗斯外均为发展中国家，而俄罗斯本身也是一个资源出口型发达国家。铁矿石作为一种大宗型出口产品，在这些国家的出口创汇中均占到了较大的比例。因此，向中国出口铁矿石能够增加这些国家的外汇收入。其次，带动国内经济发展。铁矿石的出口能够带动"一带一路"上具有铁矿石出口需求国家的采矿业发展，增加居民与政府的收入，为这些国家的社会发展创造经济支持条件。最后，劳动力就业效益。向中国出口铁矿石必然促进各国国内的铁矿石采掘工业的发展，由此，必然新增较多的劳动力，从而带动各国劳动力就业的发展。

第二，向中国出口铁矿石的主要负向效益包括：首先，生态环境受到一定的破坏。由于铁矿石的开采必然导致一定的生态环境破坏，因此，向中国出口铁矿石必然导致生态环境受到一定的破坏。但是，通过采取合理的措施能够极大地降低对生态环境的破坏。其次，可能导致经济发展对于资源出口的依赖度加大，不利于铁矿石出口国经济的结构优化。但是，这种风险属于一种潜在的风险，通过合理的产业布局与发展调整能够完全避免。最后，交通运输等公共基础设施的占用，加剧了本国基础设施损坏程度与使用拥挤度。但是，这种对于公共设施占用的不利影响可以通过对公共设施进行完善来规避。整体而言，"一带一路"上的国家向中国出口铁矿石整体上是利大于弊，在博弈合作的情况下为实现合作应当允许上述"弊"的存在。

对中国而言，从"一带一路"上的国家进口铁矿石的正负向效益在前文已经描述，正向效益主要表现为：国内运输替代效益、开采成本效益、钢铁行业效益、矿山生态环境维护效益、居民生活环境改善效益。负向效益主要表现为：铁矿石资源区的区域经济发展制约、劳动力就业制约、国际铁路与海洋运输压力增大。上述不利因素均可通过国家政策、区域发展策略调整以及增加基础交通运输能力等方式解决。因此，从整体来看铁矿石的进口对中国而言也是利大于弊，而从博弈论的角度来说，为实现合作应当允许上述"弊"的存在。

综上所述，从博弈论的角度而言，中国与"一带一路"上的国家开展铁矿石的国际产能合作，双方均存在"利弊"。在常规博弈下，双方希望实现各自的利益最大化，由此导致"零和博弈"的出现。为最终实现双方的贸易利益，在多次博弈后形成纳什均衡，即双方以追求博弈的利益平衡点为合作的基础。通过上述分析可知，中国与"一带一路"上的铁矿石出口国进行产能合作，均存在合作中的正负效益，但对各方而言，正向效益是主流。所以，基于博弈论的角度，双方以主要的正向效益为基础进行铁矿石国际产能的博弈合作具备现实可行性。

二、基于交易成本的正负效益对比

从我国的经济发展来看，进口铁矿石具有必然性；从"一带一路"沿线其他铁矿石出口国来看，出口铁矿石也是其实现资源优势转化为经济优势的必然要求。在此背景下，中国与"一带一路"上的铁矿石出口国具有产能合作的基础条件。但是，"一带一路"上的国家可以将铁矿石出口到非中国以外的国家，如美国。同样地，中国也可以选择从非"一带一路"沿线国家进口铁矿石。上述分析均未考虑到铁矿石产能合作中的一个重要因素，即铁矿石的交易成本因素。现以"一带一路"沿线主要铁矿石出口国（俄罗斯、印度、乌克兰、哈萨克斯坦和伊朗）与中国主要的非"一带一路"沿线铁矿石进口国（澳大利亚、巴西），来进行铁矿石国际产能的交易成本分析（为便于统一计算，计价单位均以美元计算，距离换算单位为千米）。

目前，影响铁矿石交易成本的因素较多，除去铁矿石本身的成本外，还涉及运输成本（包括装卸费用）、各类税费、仓储、拣选等一系列环节。为简便计算，将铁矿石的交易成本划分为运输成本、税费成本两大类，现以 2020 年我国从各主要进口国进口铁矿石的平均交易成本角度来分析我国与"一带一路"沿线国家进行铁矿石国际产能合作的成本正负效益。表 5-3 是我国从不同国家进口铁矿石的平均交易成本，从表中数据可知：澳大利亚与巴西的铁矿石进口交易成本明显高于"一带一路"沿线国家。以澳大利亚为基数 1,2020 年"一带一路"沿线国家铁矿石交易成本为澳大利亚交易成本的比重见图 5-8,从图中数据可知:澳大利亚的铁矿石进口成本均高于"一带一路"沿线国家 20% 以上。所以,从中国的角度而言具有交易成本的优势。同时,从"一带一路"沿线国家而言,俄罗斯、印度、乌克兰以及哈萨克斯坦向我国出口铁矿石均有直接的运输成本优势。目前,我国对"一带一路"沿线国家的铁矿石进口基本采取低税率政策,由此也利于"一带一路"沿线国家的企业以更合适的价格向中国出口铁矿石。

目前,"一带一路"沿线国家与中国开展铁矿石交易的负效益成本可忽略不计,而中国进口"一带一路"国家的负效益成本也主要停留在关税收入减少等间接层面。因此,从整体而言,中国与"一带一路"沿线国家进行铁矿石产能的国际合作具有交易成本上的优势。

表 5-3 2020 年我国从不同国家进口铁矿石的平均交易成本

单位:美元/吨

进口国		运输成本	税费成本	合计
"一带一路"国家	俄罗斯	6.83	8.54	15.37
	印度	7.57	5.64	13.21
	乌克兰	9.17	4.74	13.91
	哈萨克斯坦	9.40	5.01	14.41
	伊朗	8.48	5.46	13.94
非"一带一路"国家	澳大利亚	9.84	9.26	19.09
	巴西	12.14	7.78	19.92

资料来源:根据中国钢铁工业协会、中国海关发布数据整理。

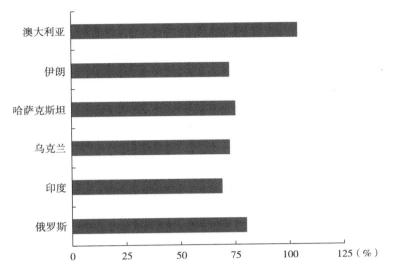

图5-8　2020年"一带一路"国家铁矿石进口交易成本为澳大利亚交易成本的比重

资料来源：根据中国钢铁工业协会、中国海关发布数据整理。

三、基于比较优势投资理论的正负效益对比

日本经济学家小岛清指出，各国在进行投资时必须从本国的优势产业出发，从而最大限度地发挥自身的优势来实现对外贸易的发展。虽然上述理论还存在有待完善的内容，但在对外贸易中秉承发挥本国优势产品这一理念则具有现实应用价值。目前，"一带一路"上的国家基本上均为发展中国家，各国的经济发展整体尚未实现完全的工业化与现代化。从中国的角度来看，相对于"一带一路"上的主要铁矿石出口国而言，我国具有相对的铁矿石海外投资资金与技术优势；从主要铁矿石出口国来看，它们具有一定的铁矿石资源禀赋优势。因此，中国以资金、技术资源为基础，主要铁矿石生产国以铁矿石为基础，双方进行国际铁矿石产能合作符合比较优势投资理论的内涵。对于双方而言，进行铁矿石产能的合作所存在的不足主要表现为：第一，对中国而言将

加大外汇使用压力以及对本国铁矿石生产形成一定的影响；第二，对"一带一路"上的主要铁矿石生产国而言，所具有的不良影响主要表现为大量铁矿石出口对于其他优势的发挥可能造成一定的潜在影响，可能出现"荷兰病"问题。但整体而言，双方从比较优势的角度出发进行铁矿石产能的国际合作，仍然是正向效益居于主导地位。

第五节　小结

本章分析了"一带一路"背景下铁矿石产能国际合作的效益问题，通过对直接、间接经济效益分析；对"一带一路"背景下铁矿石产能国际合作的负效益分析；正负效益下对"一带一路"铁矿石产能国际合作的可行性分析得出：在"一带一路"倡议的合作框架下，中国与"一带一路"上的铁矿石出口国进行铁矿石国际产能合作，利弊并存，但对各方而言铁矿石国际产能合作的正向效益是主流，负效益较小且能够通过多种方式弱化或规避。因此，从合作的效益层面来分析，各方合作具备现实必要性与可行性。

Chapter Six

"一带一路"背景下
铁矿石产能国际合作
模式的风险分析

第一节 铁矿石产能国际合作的模式

一、纯进口合作模式

在与"一带一路"上的国家进行铁矿石产能合作中，纯进口的合作模式操作最为简单，也是我国与"一带一路"沿线国家初期进行铁矿石合作的主要方式。在"一带一路"背景下采用纯进口的合作模式，所具有的优点在于：

第一，对于中方企业而言，操作模式较为简单，便于进行铁矿石交易。在纯进口模式下，中国铁矿石购买企业主要考虑交易的价格与政策问题，无须考虑多方利益关系。在这种模式下，中方企业能够降低铁矿石进口交易的风险。例如，在中国与蒙古国的铁矿石交易中，纯进口模式占据了较大的比例（见图6-1），采取这种模式能够降低双方之间的交易复杂度。

第二，有利于铁矿石出口国对本国铁矿石生产的完全控制。铁矿石是一种重要的矿产资源，在"一带一路"上各主要的铁矿石出口国均将其视为国家的重要财富资源。因此，各国对于控制本国的铁矿石生产均采取了较为严格的政策。而采取纯进口模式不涉及铁矿石出口国对铁矿石生产权益的影响，有利于铁矿石出口国加强对本国铁矿石资源开采权利的控制。

第三，减少民众的反对情绪。各民族对于资源财富均有着传统的守卫情绪，如果采取非纯进口的铁矿石产能合作模式，可能导致部分"一带一路"上的国家在对华销售铁矿石时出现本国居民反对的现象。中国企业的控股可能引发不明真相的民众认为中国企业在"掠夺"它们的资源权益，由此增加铁矿石出口的阻力。

第四，降低铁矿石进口中的生产波动风险。如果采取非纯进口的模式，中国企业就必须参与到"一带一路"沿线铁矿石出口国的铁矿石生产业务中，由此使得企业还需要承担生产过程中的一系列风险，而采取纯进口模式则可以有效地规避上述问题。

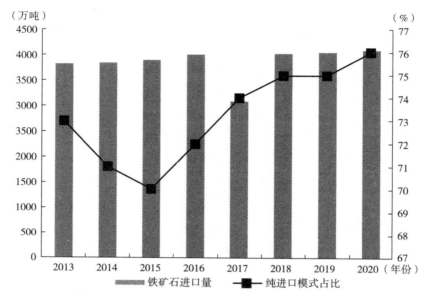

图 6-1　2013~2020 年中国进口蒙古国铁矿石数据

资料来源：中华人民共和国驻蒙古国领事馆官网发布数据。

在"一带一路"背景下，采用纯进口的合作模式所存在的不足在于：

第一，从长期来看，不利于我国铁矿石进口企业以最优的价格进口铁矿石。采取单纯的进口模式在价格上将在较大程度上受到出口国的影响，从长远来看铁矿石的进口成本要大于合资投资进口合作模式与海外并购进口合作模式。

第二，铁矿石的供应安全存在更大的不稳定性。在纯进口模式下，我国企业对"一带一路"沿线国家的铁矿石出口行为缺乏直接影响，这就使得在某些特殊情况下一些国家停止对华出口。

第三，不利于我国铁矿石企业的国际化发展与布局。在我国钢铁企业的国际化发展过程中，推动铁矿石进口的国际化布局是其中的重要组成部分。在铁矿石进口的国际化布局中，进行海外铁矿石合资投资、海外并购是其中的重要组成部分。因此，如果长期采取纯进口的模式，将不利于我国钢铁企业的国际化发展战略实施。

二、合资投资进口合作模式

采取合资投资进口的铁矿石国际产能合作也是当前全球范围内普遍采取的模式，采用该种模式一般也能够得到铁矿石进出口双方国家的支持。目前，在我国与"一带一路"沿线国家进行铁矿石国际产能合作中，采取合资投资进口合作模式较为普遍，该模式的优势在于：

第一，从长远来看，能够在一定程度上降低铁矿石的进口价格。中国钢铁企业投资"一带一路"国家的铁矿石生产企业后，能够在该企业的生产中形成一定的定价权，同时，对于该企业的铁矿石出口也能够分享一部分的利润。因此，从长远来看能够降低企业的铁矿石进口成本。

第二，通过合资投资模式能够将中方先进的生产技术与资金带入到铁矿石出口国，从而获得铁矿石出口国的认可。在"一带一路"倡议背景下，中国的对外投资并非简单的原材料进口投资，而是伴随着帮助铁矿石出口国提升生产技术与解决生产资金不足的目的同时存在。我国用技术与资金带动"一带一路"沿线的铁矿石出口国，得到了这些国家的普遍认可，由此也能够更好地促进双方铁矿石产能合作发展。

第三，基本能够获得当地民众的认可，并且对保障中国的铁矿石进口安全也具有一定的促进作用。采用合资投资模式，铁矿石原出口国一般占绝对控股权，这就使得出口国民众对该模式不会过于反对。同时，中国企业的参与也能够在一定程度上获得铁矿石出口的决策影响权利，从而对保障我国的铁矿石进口安全起到一定的促进作用。

在"一带一路"背景下采用合资投资进口合作模式，所存在的不足在于：

第一，短期内会增加钢铁企业进口铁矿石的成本，从而增加国内钢铁企业的经营压力。由于合资投资往往需要支付较高的合资费用，在当前我国钢铁企业整体陷入亏损的状态下，进行海外铁矿石合资投资对于企业的经营压力较大。

第二，增加企业铁矿石进口操作流程的复杂度。采取合资投资进口的模式，铁矿石进口企业所需要承担的业务流程将变得更加的复杂，由此使得铁矿石的进口面临着更多的不确定性因素。这对于不擅长运营海外矿山资产的企业而言存在较大的经营风险。

第三，相比于纯进口模式，合资投资进口合作所遭受的民众反对感较高。各国的民众均有保护本国矿产资源的主观意识，与铁矿石出口国进行合作会使得一些不明真相的当地民众认为中国公司在变相掠夺他们的财富。由此，易出现当地民众反对的情况。

三、海外并购进口合作模式

海外并购进口合作模式在"一带一路"背景下所使用的普及度相对较低，这一方面与我国的对外投资政策有关，另一方面也与铁矿石出口国的政策密切相关。例如，俄罗斯在对外出口铁矿石时，政策明确规定矿山开采必须由俄国企业占绝对控股权。目前，我国在伊朗与乌克兰存在一些海外并购进口合作模式的铁矿石投资项目，但整体而言，该模式在上述两国的铁矿石进口中所占的比重不高（见图6-2）。

采取海外并购进口合作模式的优势在于：

第一，从长远来看，能够最大限度地降低企业的铁矿石进口成本，从而提高下游钢铁企业的产品销售竞争力。通过海外并购，我国企业能够掌握"一带一路"沿线铁矿石出口国部分矿山的开采与销售权利，从而为企业自主进行铁矿石出口定价创造了有利

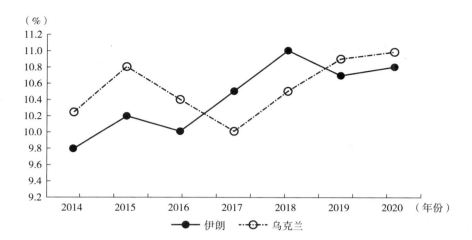

图6-2 2014~2020年中国海外并购进口合作占伊朗、
乌克兰铁矿石进口比重

资料来源：中国海关总署网站数据汇总。

的条件，最终有利于解决我国在铁矿石进口中长期处于价格被动的地位。

第二，有利于进一步深入促进铁矿石出口国的生产技术发展。通过海外并购的模式，中国的钢铁企业将更加深层次地进入到投资所在国，从而将先进的铁矿石生产技术与资金带入到这些国家，进而改变这些国家传统的低效率生产模式并解决其发展过程中所存在的资金不足问题。

第三，有利于国内企业更好地控制铁矿石的进口安全，确保国内钢铁企业的生产原材料得到保障，由此对于提升我国铁矿石的进口安全具有较为深远的意义。

采取海外并购进口合作模式的不足在于：

第一，增加我国钢铁企业海外投资的风险。采取海外并购进口合作模式使得钢铁企业需要在国外经营铁矿石的开采业务，而国外的环境相对于国内更为复杂。由此导致我国钢铁企业面临着更大的海外经营风险。

第二，容易遭受铁矿石出口国政府的反对。铁矿石作为一个国家重要的自然资源，往往关系到国家的重大经济利益或战略利益。在此背景下，多数国家均对外资进入铁矿石生产领域采取严苛的控制政策，因此，中方采取海外并购进口合作模式极易受到铁矿石出口国政府的反对。

第三，容易遭受铁矿石产地居民的反对，从而影响"一带一路"倡议的民众基础。在海外并购进口合作模式中，国外民众可能会认为中国企业掠夺了他们的资源财富，从而增加对中国企业的不友好态度。例如，在越南的中资企业就多次受到民众的游行示威抗议，从而导致生产中断与巨额损失。

第二节　纯进口合作模式风险评估

一、宏观风险

在铁矿石产能国际合作中，对于中方企业而言，纯进口合作模式所存在的宏观风险较大，并因其涉及的内容超出一国范畴，所以宏观风险多数也是企业无法避免的（企业放弃投资的情况除外）。因此，在纯进口合作模式中，对于宏观风险的研究是其中的重要内容。

第一，政治风险。目前，"一带一路"沿线各国的政治环境存在较大的差异，并且部分国家还存在国内战争、政局不稳等一系列因素。由此，可能导致前期还能够顺利进行的铁矿石产能合作项目出现突然终止的现象。例如，在2009年我国铁矿石进口企业与伊朗有一部分纯进口合作模式的铁矿石进口项目，但因为伊朗核危机的影响，美国等国对伊朗进行了贸易制裁，从而使得这些铁矿石进口项目中有很大一批被迫终止。政治风险具体可以细分为以下方面：①战争和内乱。一旦该国的政治治理出现异常并最终引发战争和内乱，那么本国的各项经济活动均会受到十分严重的影响，由此导致中国企业与所在国的合作难以顺利进行且往往无法索赔。②对华关系。虽然当前"一带一路"沿线各国整体上对华关系较好，但部分国家受到国内民众、部分政党以及其他国家等因素的影响，其对华关系还存在一定的不稳定性。由此使得中国企业在开展纯进口合作模式时所面临的不确定性风险较大。例如，我国与越南之间的关系存在一定的波动性，因此，中资企业在越南的经济活动容易受到越南对华关系转变的影响。③宏观政策。当一国的宏观政策出现波动后，该国对国外企业在开采本国矿产资源上往往会出现新的政策，由此使得中资企业在实施纯进口合作模式时容易受到所在国宏观政策变化的影响。例如，所在国的环保政策调整对于企业的铁矿石开采会形成较大的影响。④保护主义。若一国存在较为突出的保护主义政策，那么该国为维护本国的铁矿石供应与钢铁企业的发展，可能会采取不利于中资企业的政策，以此达到保护本国企业的目的。

第二，经济风险。目前，"一带一路"沿线多数国家的经济发展尚存在一定的不稳定性，由此易造成中资企业出现经济受损的情况。例如，一国的信贷政策与汇率政策的变化均会对企业的经营形成不利影响。在分析合作国的经济风险时可以分为以下几个方面：①所在国经济状况。即铁矿石产能合作国的经济发展是否稳定，是否处于持续增长的态势等。②通货膨胀。通货膨胀的程度会引发铁矿石价格的异常波动，从而使得企业的投资收益存在较大的不确定性。③利率风险。该风险是由于利率变动而造成的合作成本差异所引起的风险。

第三，环境风险。在纯进口合作模式中，合作国的法律环境、自然资源环境、基础设施环境以及市场环境等均会影响到投资的风险大小。①法律环境。由于铁矿石属于大宗商品，因此该产品的国际贸易受国内政策环境的影响较为突出。出口支持性的法律环境有利于开展铁矿石产能的国际合作，反之不利于合作的开展。

②自然环境。铁矿石出口国铁矿石开发地的自然环境变化将对出口规模与价格造成影响。③国际市场环境。铁矿石出口的国际市场环境会直接影响到纯进口合作下双方合作的持续性与铁矿石出口的合作价格。

二、主体风险

主体风险是由纯进口合作模式下各参与方自身原因造成的风险。例如，铁矿石生产国是否具有合同规定的产能等。从进口方的角度来看，铁矿石进口企业缺乏支付能力将使得铁矿石出口国企业的投资无法收回。在进行纯进口合作的模式中如果出口国的铁矿石生产与运输技术较为落后，那么项目的保质保量交易将难以进行。在"一带一路"倡议下中国与沿线各国开展铁矿石产能的国际合作所具有的主体风险具体表现为：

第一，进口方风险。在与沿线各国开展铁矿石产能的国际合作中进口方为中方企业，因其自身原因而造成的风险称为进口方风险。例如，进口方由于生产亏损无法按时支付合同规定的价款等。具体风险可以分为：①经营能力。如果中方企业缺乏较高的国际铁矿石进口经营能力，那么在开展铁矿石产能国际合作的过程中所存在的主体风险将扩大，反之能够减小主体风险。②融资能力。由于铁矿石产能的国际合作属于大宗商品交易，因此中方企业在进行交易的过程中是否具备较强的融资能力将直接影响到交易的顺利进行。③交易经验。铁矿石产能的国际合作复杂程度远超过国内铁矿石的生产与销售行为，因此在纯进口合作模式中中方企业是否具备较为丰富的国际合作经验，将直接影响到中方企业的经营风险。

第二，出口方风险。出口方在进行铁矿石交易时是否具备按期生产与运输到目的地的能力，直接影响到纯进口模式下的项目交易成败，细分为以下两大方面：①出口方信用。出口方是否具备较高的合同履行信用直接影响到中资企业能否顺利开展铁矿石的进口，同时也影响到进口的成本。②生产、运输能力。出口方对铁矿石的生产与运输能力直接影响交易能否顺利实现。

第三，合同风险。在铁矿石产能的国际合作中需要签订的各类合同数量较多，而合同内容条款是否科学、严谨、公正等均会影响到中方纯进口合作模式的成败。本书选取了三个合同风险类型来进行分析：①合同内容风险。该风险是由合同订立时对内容表述不清楚或者不完整而造成的。②合同管理风险。在纯进口模式下，铁矿石交易能否完全按照合同的规定进行管理将直接影响到合同风险。③合同审批风险。这种风险主要来自交易所在国政府的办事效率和态度，由此会对合同的审批带来风险。

三、技术风险

在"一带一路"倡议下，中方企业采取纯进口的合作模式需要承担的技术性风险更高。技术风险的存在具有较大的不确定性并且可能贯穿在这个合作的各个环节中。此外，某些技术风险还会形成积累效益，若积累到一定程度后集中爆发将对中资企业造成无法估量的危害。

第一，交易支付设计风险。在铁矿石产能的国际合作中，双方需要进行的交易规模较大，由此对交易支付设计提出了更高的要求。安全、便利的交易支付环境将降低整个项目的交易难度，同时提升双方合作的便利度。反之，将极大地增加双方合作的压力与困难，并可能增加额外的时间与经济支出。

第二，沟通风险。由于国际铁矿石产能合作项目的复杂性，交易双方在项目开展的过程中会遇到各种潜在沟通风险的影响。沟通的不畅可能直接导致双方的合作无法顺利完成，并影响后续合作。

第三，产品质量确定标准风险。在纯进口模式中，对于产品进口质量的规定也是其中的重要内容，如果缺乏统一的标准将使得双方在铁矿石进口质量上产生分歧，由此形成产品质量确定标准的风险。

四、基于层次分析法的风险评价

1. 层次分析法简介

在实践中，Saaty 教授发现很多问题无法通过常规的思维模式找到答案，为此，他提出可以从逆向思维的角度来对问题进行分析，从而实现问题逆向化的解决。在此启发下 Saaty 教授于 20 世纪 70 年代首次正式提出了层次分析法（AHP）。AHP 方法是将需要分析的问题进行分解，从而形成不同等级但是具有逻辑关系的层次，随后结合定性与定量分析对底层内容进行判断并由此逐层向上推导，最终得到对原问题的判断。对 AHP 分析方法进行剖析，可以概括出以下三大步骤：第一步，分析需要评价问题的性质以及所希望达到的分析目标，对需要评价的问题进行分解，从而将原来难以直观解决的问题划分为由多个关联因素组成的结构模型，并且这些关联因素存在内在的隶属度与相互联系性。在细分的各类评价内容中，一些在性质上相同的内容会被归纳到一个类别中，并由此形成由多个类别组成的层状金字塔形关系。第二步，对各评价指标的重要性进行确定，该步骤也是 AHP 分析方法中的关键一环。通过对不同指标权重的确定能够提高评价的科学性。在进行评价指标权重的确定时主要采取的是定性分析法，即邀请专业领域的专家与学者对所评价的项目进行指标权重的确定。为了提高评价的客观性，借助相关数学方法进行定量辅助评价也是当前在 AHP 分析方法中常用的权重确定方式。第三步，借助指标权重值对目标内容进行最终的评价，从而得到需要评价的结果。一般而言，将目标层设置为"1"，其下的二级指标权重和为"1"。在进行计算后借助最大隶属度原则，确定评价项目所属的评价等级。

（1）单层次模型。在 AHP 分析法中根据目标分类层次的不同可以分为单层次与多层次两种,单一层次的结构较为简单,该模型由评价目标与多个直接与目标相关的细分指标组成。单层次评价模型主要应用于一些较为简单的问题,并且在评价的过程中操作也较为简便。在各指标的权重确定中,决策层往往无法直接评价各指标的重要性,因此可以通过对不同指标的重要性来进行比较,从而确定不同指标的重要性大小。

单层次模型的基本评价步骤:

第一步,依据各指标的重要性对比形成判断矩阵。在判断矩阵中假设 C_k 为目标层,与相连元素 A_1,A_2,…,A_n 有决定关系。将 C_k 作为问题分析的准则,而决策者探讨在上述准则下某一元素相对于另外一元素所具有的优劣性。以此类推形成一个判断矩阵,具体形式如表 6-1 所示。

表 6-1　单层次两两判断矩阵

C_K	A_1	A_2	A_3
A_1	a_{11}	a_{12}	a_{1n}
A_2	a_{21}	a_{22}	a_{2n}
A_3	a_{n1}	a_{n2}	a_{nn}

在上表中 a_{ij}(i=1,2,…,n;j=1,2,…,n)的值代表了决策者对 A_i 与 A_j 指标重要性的评价,结合前人的研究成果可知,a_{ij} 的值以 1 到 9 为区间,取这些值的整数或其倒数。各数值所代表的含义如表 6-2 所示。

表 6-2　重要性标度

重要性标度	含义(两元素相比)
1	重要性相同
3	前者稍重要
5	前者明显重要

续表

重要性标度	含义（两元素相比）
7	前者强烈重要
9	前者极端重要
2、4、6、8	表示上述判断的中间值
倒数	若元素 i 与元素 j 的重要性之比为 a_{ij}，则元素 j 与元素 i 的重要性之比为 $a_{ji} = 1/a_{ij}$

假设根据上述判断后建立的矩阵为 $A = a_{ij}$，则该判断矩阵有以下性质：

$$a_{ij} > 0$$

$$a_{ji} = \frac{1}{a_{ij}}$$

$$a_{ii} = 1$$

判断矩阵具有对称性，同时任何一个元素相对于自身而言其值为"1"，所以 $a_{ii} = 1$。结合判断矩阵的对称性可知，其下三角与上三角上的 $n(n-1)/2$ 个元素为所对应的另一半矩阵的元素倒数，由此可以较为简便地获取判断矩阵的值。在某些特殊条件下判断矩阵也具有某些传递性：$a_{ij} \times a_{jk} = a_{ik}$，该等式如果对矩阵内任何元素 a_{ij}、a_{jk}、a_{ik} 都成立，那么可以判断该矩阵满足一致性的要求。

第二步，对评价指标的重要性进行计算。在单一目标层准则的指导下对各评价指标的重要性进行计算，从而确定各评价指标的权重值。随后，求判断矩阵的最大特征根 λ_{max} 与判断矩阵归一化处理后的特征向量 $W = (w_1, w_2, \cdots, w_n)^T$，即有 $AW = \lambda_{max}W$，可得 W，将作为本层次元素 A_1，A_2，$\cdots$，A_n 对于目标元素 C_k 的排序权值。

第三步，检验判断矩阵是否具有一致性。在矩阵 A 中如果能够得出 $a_{ij} = \frac{a_{ik}}{a_{jk}}$，那么可以判断该矩阵符合一致性检验的要求。但是，在实际工作中需要判断的事物往往较为复杂，并且在进行主观判断的过程中判断人的偏好也会对结果造成影响。这种情况的存在使得矩阵的一致性判断难以达到"严格"的标准。所以，在计算出最大特征根 λ_{max} 后，还需要进一步对判断矩阵进行一致性检验。一致性检验如下：一是求出一致性指标 CI：$CI = \dfrac{\lambda_{max} - n}{n - 1}$（其中 n 为矩阵阶数）；二是对平均随机一致性指标 RI 进行计算。RI 的计算采用多次重复运算，并以获得的特征值为基础求算术平均数而得，表 6-3 就是随机一千次后的 1~5 维矩阵的平均一致性值。

表 6-3 平均随机一致性指标

维数	1	2	3	4	5	6	7	8	9	10	11	12	13
RI	0	0	0.5	0.9	1.1	1.3	1.4	1.4	1.5	1.5	1.5	1.5	1.6

第四步，对上述计算的一致性进行校验以确定是否接受计算结果。如果存在 $\dfrac{CI}{RI} < 0.1$ 的关系，则接受该判断矩阵的一致性检验结果；若大于 0.1 则拒绝该判断矩阵的一致性检验结果，为此，应当对原判断矩阵进行修改以达到可接受水平的一致性结果。

（2）多层次模型。多层次模型的构建在原理上与单层次模型基本相同，但仍然存在一些局部差异。多层次模型构建步骤如下：

第一步，在多层次模型中也必须首先明确评价对象的性质并在此基础上对问题进行多层次的解析，从而形成多个层次和新的结构，最终实现研究问题的层次递进体系。在多层次结构中一般由目标层、准则层以及措施层组成。在构建分析模型时首先对问题进行拆分并明确研究的侧重点；其次提炼出各类问题的中间衔接层，该层次的指标内容起到连接目标层与底层的作用；最后确定底层的各评价指标。由此形成在逻辑上具有相关性、在评价内容上具有多样性的多层次分析模型。

第二步，层次总排序与检验。在多层次评价模型中，各层次指标的权重确定仍然至关重要，不同的权重确定结果对于目标层的影响十分明显。例如，在对一艘轮船进行好坏的评价时，可以从排水量与安全性两大方面来进行考虑。如果轮船所有者希望排水量越大越好，那么给予排水量评价的指标将超过 0.5 的赋权，因此，排水量状况将直接影响该轮船性能的"好坏"。在多层次分析法中，将目标层设为"1"，各准则层权重之和为"1"，各准则层指标的二级指标权重值之和为"1"。计算公式如下：

各级指标权重＝本层相对于上层的隶属权重×上层相当于更上层的权重　　　　　　　　　　　　　　式（6-1）

假设已经明确 $k-1$ 层中 m 个元素相对于最高目标权重的权重值为 $w(k-1)$，并且有：$w(k-1)=(w_1(k-1)，w_2(k-1)，\cdots，w_m(k-1))^T$；而第 k 层 n 个元素对于上一层的第 j 个元素的单排序权重 $p_j(k)=(p_{1j}(k)，p_{2j}(k)，\cdots，p_{nj}(k))^T$，与 j 无关的元素权重为 0。设 $p(k)=(p_1(k)，p_2(k)，\cdots，p_n(k))$ 代表第 k 层下一层元素的排列，则可得第 k 层在总目标中的排序为：

$$w(k)=(w_1(k)^\tau w_2(k)^\tau，\cdots，w_n(k)^\tau)^T=p(k)w(k-1)$$

式（6-2）

假设第 $k-1$ 层第 j 个元素计算的准则为 $CI_j^{(k)}$、$RI_j^{(k)}$ 和 $CR_j^{(k)}$，$j=1，2，\cdots，m$，则可以由下式来计算第 k 层的综合检验指标：

$$CI_j^{(k)}=(CI_1^{(k)}，CI_2^{(k)}，\cdots，CI_m^{(k)})w^{(k-1)}$$

$$RI_j^{(k)}=(RI_1^{(k)}，RI_2^{(k)}，\cdots，RI_m^{(k)})w^{(k-1)}$$

$$CR_j^{(k)}=CI^{(k)}/RI^{(k)}$$

式（6-3）

若 $CR^{(k)} < 0.1$，则接受原判断矩阵的一致性结果；反之拒绝原判断矩阵的一致性结果，并重新对原判断矩阵进行调整，直至原判断矩阵的一致性结果能够被接受。

2. "一带一路"背景下纯进口合作模式的风险评价指标体系

结合前述章节的分析，可得"一带一路"背景下纯进口合作模式的风险评价指标体系，具体如表6-4所示。

表6-4 "一带一路"背景下纯进口合作模式的风险评价指标体系

一级指标	二级指标	三级指标
"一带一路"背景下纯进口合作模式风险（I_1）	宏观风险（A_1）	政治风险（A_{11}）
		经济风险（A_{12}）
		环境风险（A_{13}）
	主体风险（B_1）	进口方风险（B_{11}）
		出口方风险（B_{12}）
		合同风险（B_{13}）
	技术风险（C_1）	交易支付设计风险（C_{11}）
		沟通风险（C_{12}）
		产品质量确定标准风险（C_{13}）

资料来源：根据前文研究汇总整理而得。

3. 基于层次分析法的指标权重确定

（1）一级指标权重确定。在本书的研究中，将一级指标权重设置为1。

（2）二级指标权重确定。"一带一路"背景下纯进口合作模式下二级风险评价指标的互补判断矩阵 A 如下：

$$A = \begin{bmatrix} & A_1 & B_1 & C_1 \\ A_1 & 0.5 & 0.4 & 0.3 \\ B_1 & 0.6 & 0.5 & 0.4 \\ C_1 & 0.7 & 0.6 & 0.5 \end{bmatrix}$$

在矩阵 A 中，A_1、B_1、C_1 分别代表二级风险评价指标中的宏观风险、主体风险、技术风险。将互补判断矩阵 A 转化为模糊一致矩阵 R 则有：

$$
R = \begin{array}{c} \\ A_1 \\ B_1 \\ C_1 \end{array} \begin{bmatrix} A_1 & B_1 & C_1 \\ 0.5 & 0.45 & 0.4 \\ 0.55 & 0.5 & 0.45 \\ 0.6 & 0.55 & 0.5 \end{bmatrix}
$$

矩阵 R 是满足模糊一致性矩阵成立的条件，如果 a 等于 $\dfrac{n-1}{2}$，根据上文中的公式（6-2）可以求出 A_1、B_1、C_1 的权重值，经过计算得到如下计算结果：

$W_{A_1} = 0.34$；$W_{B_1} = 0.35$；$W_{C_1} = 0.31$。

（3）三级指标权重确定。本书在此以宏观风险因素为例来研究三级评价指标的权重计算过程。假设 A_{11}、A_{12}、A_{13} 分别代表政治风险、经济风险、环境风险，可以得到判断矩阵 A_1 如下：

$$
A_1 = \begin{array}{c} \\ A_{11} \\ A_{12} \\ A_{13} \end{array} \begin{bmatrix} A_{11} & A_{12} & A_{13} \\ 0.50 & 0.43 & 0.52 \\ 0.57 & 0.50 & 0.61 \\ 0.48 & 0.39 & 0.50 \end{bmatrix}
$$

将互补判断矩阵 A_1 转化为模糊一致矩阵 R_1，则有：

$$
R_1 = \begin{array}{c} \\ A_{11} \\ A_{12} \\ A_{13} \end{array} \begin{bmatrix} A_{11} & A_{12} & A_{13} \\ 0.50 & 0.53 & 0.43 \\ 0.47 & 0.50 & 0.58 \\ 0.57 & 0.42 & 0.50 \end{bmatrix}
$$

在矩阵 R_2 中 a 仍旧是等于 $\dfrac{n-1}{2}$，根据上文中的公式（6-2）

可以求出 A_1 层的二级指标层 A_{11}、A_{12}、A_{13} 的权重值。计算结果为：

$W_{A_{11}} = 0.33$；$W_{A_{12}} = 0.40$；$W_{A_{13}} = 0.27$。

根据宏观风险因素的二级指标的权重确定方法依次确定 B_1、C_1 层二级指标的权重。得到如下结果：

$W_{B_{11}} = 0.32$；$W_{B_{12}} = 0.39$；$W_{B_{13}} = 0.29$；$W_{C_{11}} = 0.35$、$W_{C_{12}} = 0.28$、$W_{C_{13}} = 0.37$。

4. 引入专家打分的风险分析

本书将风险确定为"很小、较小、一般、较严重、很严重"5个等级，邀请 10 位相关领域的专家学者进行评价打分。根据专家对每个层次指标的风险属性选择频率就可以汇总成指标评价的隶属度。例如，对于宏观风险因素中的政治风险指标，10 个专家学者如果有 1 人认为该指标发生的风险非常大，即选择"很严重"；2 人认为该指标发生的风险较大，即选择"较严重"；5 人认为该指标发生的风险一般，即选择"一般"；2 人认为该指标发生的风险较小，即选择"较小"；没有人认为该指标发生的风险为 0 或者是很小，即选择"很小"，由此就可以得到该指标的隶属度为 (0.1，0.2，0.5，0.2，0)。各相关指标的具体隶属度如附录 2 所示。

（1）对 A_1 的二级指标进行评价。

$$A_1 = \begin{bmatrix} 0.33 & 0.40 & 0.27 \end{bmatrix} \times \begin{bmatrix} 0.20 & 0.20 & 0.40 & 0.10 & 0.10 \\ 0.10 & 0.30 & 0.40 & 0.20 & 0.00 \\ 0.10 & 0.20 & 0.50 & 0.10 & 0.10 \end{bmatrix}$$

$A_1 = （0.07，0.15，0.32，0.26，0.20）$

根据对二级指标确定方法依次确定 B_1、C_1 层二级指标的风险大小评价。得到如下结果：

$B_1 = （0.12，0.14，0.33，0.21，0.20）$；$C_1 = （0.10，0.17，0.35，0.21，0.17）$

（2）对目标层进行评价。

$$I_1 = \begin{bmatrix} 0.34 & 0.35 & 0.31 \end{bmatrix} \times \begin{bmatrix} 0.07 & 0.15 & 0.32 & 0.26 & 0.20 \\ 0.12 & 0.14 & 0.33 & 0.21 & 0.20 \\ 0.10 & 0.17 & 0.35 & 0.21 & 0.17 \end{bmatrix}$$

$$I_1 = (0.10, 0.16, 0.38, 0.21, 0.15)$$

5. 评价结果

根据最大隶属度原理，结合前文分析的结果可知，当前"一带一路"背景下纯进口合作模式的风险评价结果为"一般"。将评价属性的"很严重、较严重、一般、较小、很小"5个评价等级进行赋分，依次赋为①：（100~90）、（90~75）、（75~65）、（65~50）、（50~0）。采用加权平均方法将这5个等级依次定量化为95、82.5、70、57.5、25。结合权重值则可以进一步计算出"一带一路"背景下纯进口合作模式的风险评价得分为：

$$95 \times 0.1 + 82.5 \times 0.16 + 70 \times 0.38 + 57.5 \times 0.21 + 25 \times 0.15 = 65.13$$

所以，综合上述分析可知，"一带一路"背景下纯进口合作模式的风险整体上处于"一般"，但是偏向"较小"的状态。

第三节　合资投资进口合作模式风险评估

一、宏观风险

在"一带一路"背景下，合资投资进口合作模式所存在的宏观风险与纯进口模式具有一定的相似之处，但也存在一定的差别。

---

① 评价分数包括最高分，不包括最低分，如（100~90）即大于90分而小于或等于100分。

相同的风险类别主要包括：政治风险、经济风险、环境风险，此外，还涉及社会风险。

在"一带一路"沿线国家进行合资投资进口合作的过程中，社会风险的发生也较为常见。一般而言需要考虑的社会风险主要包括：①社会治安。铁矿石产能国际合作的合作方是否有稳定的社会治安环境将直接影响到相关工作人员的人身安全，同时影响到铁矿石生产活动的顺利进行。若当地的社会治安环境较差，那么项目在经营过程中所出现的各类偷盗、寻衅滋事行为将严重影响项目的进行。②民俗民风。在铁矿石产能国际合作中采用合资的模式，将引入本地居民参与管理与生产。但是，本地居民的社会文化、民风民俗与中国存在较大的差距，由此容易在工作的过程中出现因民俗民风融合不佳而导致的项目额外成本支出。③宗教信仰。目前，"一带一路"沿线国家多数具有宗教信仰，为此，在进行铁矿石产能的合资投资进口合作的过程中，必须尊重外方人员以及项目所在地居民的宗教信仰，否则项目的开展将会受到较大的阻力。④语言障碍。在与"一带一路"沿线国家开展铁矿石产能的合资投资进口合作时，各国的语言差异将导致各方的交流存在较大的困难。在项目的合作过程中可能存在因语言沟通的障碍而导致的理解偏差，由此引发风险。

二、主体风险

在"一带一路"背景下，合资投资进口合作模式中主体风险主要包括：进口方风险、出口方风险、协议风险。协议风险主要是指双方在签订投资合作协议上的可能存在的一系列风险因素。这些风险因素具体可以细分为：①协议内容不完善风险，由此导致双方的投资合作在后期存在风险。②歧义性条款风险，即由于合作协议中存在的歧义性内容，导致双方的合作无法顺利进行产生的风险。③协议执行风险，即在协议签订后双方能否主动地执行相关协议条款内容产生的风险。

三、技术风险

在"一带一路"背景下，合资投资进口合作模式中技术风险包括纯进口模式中的交易支付设计风险、产品质量确定标准风险，此外，还涉及合资企业的管理参与能力风险。管理参与能力风险主要包括：①中方企业能否选派合适的管理人才前往合资企业进行管理的风险，如果选择的人才不合适将对合资模式形成较为不利的影响。②双方协调管理的风险，即在铁矿石生产与销售的合资经营中，双方能否进行较好的协作管理，从而确保生产活动的有序开展。③管理技术发展风险，即能否将先进的管理技术应用于铁矿石合资生产企业中。

四、基于层次分析法的风险评价

1. "一带一路"背景下合资投资进口合作模式的风险评价指标体系

结合前述章节的分析，可得出"一带一路"背景下合资投资进口合作模式的风险评价指标体系，具体如表6-5所示。

表6-5 "一带一路"背景下合资投资进口合作模式的
风险评价指标体系

一级指标	二级指标	三级指标
"一带一路"背景下合资投资进口合作模式风险（I_2）	宏观风险（A_2）	政治风险（A_{21}）
		经济风险（A_{22}）
		环境风险（A_{23}）
		社会风险（A_{24}）
	主体风险（B_2）	进口方风险（B_{21}）
		出口方风险（B_{22}）
		协议风险（B_{23}）

一级指标	二级指标	三级指标
"一带一路"背景下合资投资进口合作模式风险（I_2）	技术风险（C_2）	交易支付设计风险（C_{21}）
		管理参与能力风险（C_{22}）
		产品质量确定标准风险（C_{23}）

资料来源：根据前文研究汇总整理而得。

2. 基于层次分析法与专家评价的风险评价结果

层次分析法与专家评价的方法同本章第三节，专家评价的打分情况见附录2，对目标层的风险评价结果为：

$I_2 = $（0.08，0.17，0.40，0.20，0.15）

根据最大隶属度原理，结合本章第三节的分析结果可知，当前"一带一路"背景下合资投资进口合作模式的风险评价结果为"一般"。结合权重值则可以进一步计算出"一带一路"背景下合资投资进口合作模式的风险评价得分为：

$95 \times 0.08 + 82.5 \times 0.17 + 70 \times 0.40 + 57.5 \times 0.20 + 25 \times 0.15$
$= 64.88$

所以，综合上述分析可知，"一带一路"背景下合资投资进口合作模式的风险整体上处于"一般"且偏向"较小"的状态，风险评价得分小于"一带一路"背景下的纯进口模式。

第四节 海外并购进口合作模式风险评估

一、宏观风险

"一带一路"背景下，海外并购进口合作模式所面临的宏观风险更为复杂，除常规的政治风险、经济风险、环境风险、社会风险外，还存在较大的战争和内乱风险、对华关系变化风险。战争和内乱风险具体表现为：铁矿石海外并购国受到一系列的内外因素影响而出现较高战争和内乱爆发风险或者是已经爆发了战争和内乱。由于海外并购进口合作模式下中方企业在海外进行了大量的投资，一旦投资国对华关系出现严重变化，将导致海外并购进口合作模式难以为继。例如，巴基斯坦与我国的关系较好，在巴基斯坦的中国企业可以享受到更好的当地政策从而减少了海外并购的不确定性风险；中国与越南关系有所波动，使得中国企业的投资容易受到越南国内不稳定情绪的影响。

二、主体风险

在"一带一路"背景下，海外并购进口合作模式中主体风险主要包括：国外合作方风险、协议风险以及投资企业经营能力风险。

国外合作方风险主要是指：参与中方海外铁矿石并购项目的国外企业或个人与中方合作的风险，虽然在海外并购进口合作模式下中方企业对铁矿石的生产与销售具有较大的决策权力，但相关生产与管理活动的开展仍然需要项目所在国的工作人员，在此背景下合作方的行为将对项目能否顺利实施产生影响。投资企业经营能力风险是指：海外并购进口合作模式的运营管理较为复杂，同时，不同国家之间的社会文化、法律等要求不同，在此背景下企业能否实现较好的海外铁矿石矿山经营管理将直接影响海外并购进口合作模式的可行性。

三、技术风险

在"一带一路"背景下，海外并购进口合作模式中技术风险压力将进一步增加，主要的技术风险包括交易支付设计风险、产品质量确定标准风险、企业的管理参与能力风险以及海外资产安全风险。

海外资产安全风险主要是指：海外并购进口合作模式下中方对铁矿石生产国的资金投入较大。在此背景下，如何确保巨额的海外资产安全也成为海外并购企业需要考虑的重点风险。

四、基于层次分析法的风险评价

1. "一带一路"背景下海外并购进口合作模式的风险评价指标体系

结合前述章节的分析，可得出"一带一路"背景下海外并购进口合作模式的风险评价指标体系，具体如表 6-6 所示。

表 6-6 "一带一路"背景下海外并购进口合作模式的风险评价指标体系

一级指标	二级指标	三级指标
"一带一路"背景下海外并购进口合作模式（I_3）	宏观风险（A_3）	政治风险（A_{31}）
		经济风险（A_{32}）
		环境风险（A_{33}）
		社会风险（A_{34}）
		战争和内乱风险（A_{35}）
		对华关系变化风险（A_{36}）
	主体风险（B_3）	国外合作方风险（B_{31}）
		投资企业经营能力风险（B_{32}）
		协议风险（B_{33}）
	技术风险（C_3）	交易支付设计风险（C_{31}）
		管理参与能力风险（C_{32}）
		产品质量确定标准风险（C_{33}）
		海外资产安全风险（C_{34}）

资料来源：根据前文研究汇总整理而得。

2. 基于层次分析法与专家评价的风险评价结果

层次分析法与专家评价的方法同本章第三节，专家评价的打分情况见附录2，对目标层的风险评价结果为：

$I_3 = (0.15, 0.19, 0.36, 0.18, 0.12)$

根据最大隶属度原理，结合本章第四节的分析结果可知，当前"一带一路"背景下，海外并购进口合作模式的风险评价结果为"一般"。结合权重值则可以进一步计算出"一带一路"背景下海外并购进口合作模式的风险评价得分为：

$95 \times 0.15 + 82.5 \times 0.19 + 70 \times 0.36 + 57.5 \times 0.18 + 25 \times 0.12 = 68.48$

所以，综合上述分析可知，"一带一路"背景下海外并购进口合作模式的风险整体上处于"一般"且偏向"较大"的状态，风险评价得分大于"一带一路"背景下的纯进口模式与"一带一路"背景下合资投资进口合作模式。

第五节　小结

本章探讨了"一带一路"背景下铁矿石产能国际合作模式的风险问题。在当前的发展背景下，可实施的国际产能合作模式主要包括：纯进口合作模式、合资投资进口合作模式、海外并购进口合作模式。各种模式各有一定的优缺点，通过分析可知："一带一路"背景下纯进口合作模式的风险整体上处于"一般"但是偏向"较小"的状态；"一带一路"背景下合资投资进口合作模式的风险整体上处于"一般"且偏向"较小"的状态，但合资投资进口合作模式的风险评价得分小于"一带一路"背景下的纯进口模式。"一带一路"背景下海外并购进口合作模式的风险整体上处于"一般"且偏向"较大"的状态，风险评价得分大于"一带一路"背景下的纯进口模式与"一带一路"背景下合资投资进口合作模式。综上所述，从"一带一路"背景下铁矿石产能国际合作模式的风险角度而言，采取合资投资进口合作模式是最优的战略选择。

Chapter Seven

"一带一路"背景下
中国铁矿石产能国际
合作的安全布局分析

第一节　对中国铁矿石供应
安全的意义

一、对宏观经济发展稳定的意义

在"一带一路"的背景下，中国与其他国家开展铁矿石产能的国际合作，对于我国宏观经济的发展具有十分重要的稳定意义。对宏观经济发展稳定性作用的机制如下：在我国，钢铁产业是国民经济发展中的支柱性产业之一，钢铁企业所涉及的经济活动十分庞大。钢铁企业的产品被应用到全社会各类生产与生活中，而作为钢铁产品主要的成本来源之一的铁矿石价格是否合理就直接关系到最终钢铁产品的消费价格。通过加强与"一带一路"沿线其他铁矿石出口国的产能合作，能够在一定程度上降低我国的海外铁矿石使用成本，从而为稳定国内物价做出贡献，进一步传导到整个经济体系中，从而对宏观经济的发展起到一定的稳定作用。

此外，"一带一路"的背景下中国与其他国家开展铁矿石产能的国际合作，对于宏观经济的发展还具有间接的稳定作用，具体表现为：有利于加强我国与"一带一路"沿线国家的整体经贸合作，从而促进双边或多边贸易经济的发展，进而促进我国对外贸易发展的稳定性，由此也能够为宏观经济的稳定性发展做出贡献。在我国的经济发展中，外贸占据了十分重要的地位，而铁矿石贸易不仅本身有利于我国铁矿产品贸易的发展，还间接地带动了其他商品贸易的发展。图7-1是中国与俄罗斯2014~2020年铁矿石进口贸易中，中方"以物换物"的比重变化图，从图中数据可知：近年来，在中、俄铁矿石产品贸易中，中方以现金支付的比重整体上呈现波动略减的状态，而我国占优势的轻工业产品、高端电子产品等的现金替代支付方式所占的比重则有缓慢上升的趋势。因此，在"一带一路"背景下开展铁矿石产能的国际合作，能够在一定程度上加大我国优势生产产品的出口，从而促进我国对外贸易的发展，也就起到了宏观经济发展的间接性稳定作用。

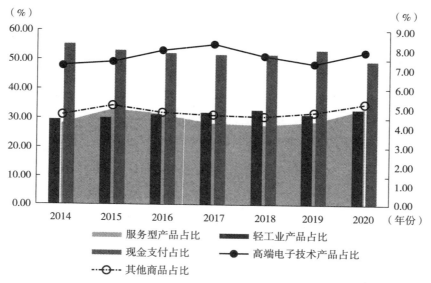

图 7-1　2014~2020 年中俄铁矿石贸易中"以物换物"占比

资料来源：根据商务部中俄经济发展统计报告、《中俄经贸合作分委会第 18 次会议纪要》、《关于欧亚经济伙伴关系协定联合可行性研究的联合声明》等文件整理而得。

二、对钢铁产业稳定发展的意义

进口"一带一路"沿线国家的铁矿石资源对于我国钢铁产业稳定发展的意义在于：第一，能够更好地确保钢铁企业的原材料供给。从"一带一路"沿线国家进口铁矿石能够增加我国铁矿石进口的总量，从而更好地确保国内钢铁企业的生产原材料供给。第二，能够在铁矿石供应价格上确保更合理的价格。铁矿石进口渠道的多样化将直接提高我国对外进口铁矿石的议价能力，从而降低钢铁企业的生产产品的成本，为扭转我国钢铁企业当前的亏损状态做出贡献。第三，有利于铁矿石的运输安全与战略储备安全，通过加强与"一带一路"沿线国家开展铁矿石产能的国际合作，从而降低对海洋运输或陆路运输的相对需求，进一步提升铁矿石运输的安全性。同时，也有利于我国更好地开展铁矿石战略储备，以确保钢铁企业在国外供给出现异常的情况下也能够维持稳定的生产。

三、对钢铁上下游产业稳定发展的意义

钢铁产业作为国民经济发展中的基础性产业，其发展的影响不仅关系到产业本身，同样对上下游产业会形成巨大的影响。例如，钢铁产业的发展将直接影响到下游的汽车制造业、设备制造业等。产业链发展的稳定性是产业健康发展的重要标志，而产业链中钢铁产品的供应价格稳定与供应数量稳定则是其中的基础保障。我国加强与"一带一路"沿线国家进行铁矿石产能的合作能够稳定我国的铁矿石供应数量与供应价格，由此，能够为钢铁企业的生产原材料供应提供保障。而铁矿石进口价格的合理、稳定，也能够确保后续钢铁产品的价格合理与稳定，由此使得与钢铁产业发展相关的上下游产业均能够实现稳定的发展，最终促进整个产业链的健康发展。

第二节　中国铁矿石资源
供应安全战略

目前，全球铁矿石供需形式整体表现为：铁矿石的供给整体上略大于需求，但受到国际铁矿石出口商的人为控制，造成了国

际铁矿石供给呈现"供小于求"的现状，由此抬升了国际铁矿石的销售价格。目前，全球主要的铁矿石出口国为澳大利亚、巴西、印度、南非、俄罗斯等；全球主要的铁矿石进口国为中国、日本、韩国、法国、英国等。在当前的铁矿石供需形势与进出口国分布形式来看，我国实施铁矿石资源的供应安全战略具有现实必要性，具体可采取的铁矿石资源供应安全战略如下：

一、国内铁矿石资源开发战略

中国国内铁矿石资源开发战略的主要措施为：第一，加大矿产资源勘查工作的力度。第二，合理开发利用低品位矿石。第三，加强老矿山的技术改造和改建扩建。第四，进一步加强采矿选矿技术的开发与利用，提高资源综合利用率。第五，加强铁矿山企业的联合重组，提高行业集中度。第六，加强矿山二次资源的开发利用。第七，推进矿山企业信息化、自动化，矿山企业充分利用现代信息技术，建立自己的信息网络，充分实现资源共享，建设企业管理信息系统，不断提高矿山生产、经营、管理、决策的效率和水平，进而提高矿山经济效益和核心竞争力。

二、海外铁矿石资源开发战略

中国海外铁矿石资源开发战略的主要措施为：第一，立足全球铁矿石资源投资开发布局。第二，合理选择海外铁矿石投资开发地区。第三，选择形式多样的合作开发模式。第四，充分发挥国家的主体作用。第五，要高度关注海外铁矿石资源开发所潜在的风险。

三、铁矿石替代资源发展战略

中国铁矿石资源开发战略的主要措施为：第一，建立适合现代化的钢铁循环利用体系。第二，建立高效的废钢加工配送体系。第三，加快钢铁循环利用的技术与装备的开发与推广。第四，规范国内废钢市场秩序，鼓励废钢企业与钢铁企业建立战略合作关系。第五，实施废钢铁循环利用"走出去"战略。第六，钢铁产业科学合理使用废钢。

四、铁矿石资源储备战略

国家铁矿石资源储备战略的主要措施为：第一，制定我国铁矿石战略储备的法律法规和相关政策制度。第二，实行国家集中统一管理、政府储备与民间储备相结合的管理体制。第三，系统规划、合理选择、分步实施铁矿石战略储备基地建设。第四，积极探索铁矿石战略收储、放储等有效运行机制。

第三节 "一带一路"背景下中国铁矿石供应安全的策略

一、应对国际铁矿石垄断化趋势的建议

打破国际铁矿石巨头垄断对我国钢铁及下游产业的威胁，是保障中国铁矿石资源供应安全的头等大事。为了尽可能减少国际铁矿石垄断化对我国钢铁产业造成的影响，我国既要加大国内资源的开发支持力度，实施国家铁矿石战略储备等提高自给率的战略措施，又要联合"一带一路"沿线主要铁矿石生产国来应对垄断化所带来的影响。具体建议为：第一，国家要明确我们对外投资的宗旨是要打破三巨头的垄断地位，不支持国有资本、金融机构、国有企业以直接或者间接的方式对国际铁矿石三大巨头的投

资。第二，加大对三大巨头之外"一带一路"沿线国家的铁矿石生产企业的投资合作力度，进一步提高中国企业在国外铁矿石中的权益比例，改善投资收益水平。第三，协调钢铁企业、海洋运输企业签订长期稳定的合作关系，打破三大矿山巨头在国际海运市场上的垄断对我们的影响。

二、应对国际铁矿石金融化趋势的建议

金融化趋势后将模糊市场的供求关系，使钢铁企业完全无法依据供求关系判断和适应市场，经营风险大大增加。目前我们对铁矿石定价的高低话语权不足，但对铁矿石价格的波动却是可以产生影响的。从目前的实际情况来看，我们对铁矿石价格的干预手段与干预程度都不足，基本上处于完全被动的局面。因此，我们应对国际铁矿石金融性的关键就是要保持市场的稳定性，特别是铁矿石市场的稳定性。第一，研究并制定反映中国铁矿石市场实际的中国铁矿石价格指数体系，采集中国国内主要矿山和代表性地区的铁矿石实际交易价格和进口铁矿石实际交易价格，编制中国的铁矿石价格指数，对冲国际铁矿石巨头和部分国内贸易商为推涨市场价格而采集编制的指数价格。第二，努力保持铁矿石市场的稳定性，加强从"一带一路"沿线国家的铁矿石进口规模。第三，严格控制进口铁矿石的流向，严厉执行不得向落后企业出售铁矿石的有关规定。第四，加大淘汰落后产能力度，努力提高行业集中度，从而提高对市场的掌控力度，努力维护市场的稳定。

三、应对国际铁矿石出口标准严格化的建议

目前，我国已有铁矿石的生产标准，但没有进口铁矿石的标准。这使得我们目前进口铁矿石基本处于无标准可依的状态。进口铁矿石质量只是按照双方的合同约定，而在铁矿石供不应求的

情况下，我国企业为获得更多的铁矿石资源而往往忽视铁矿石的质量，由此造成我国进口的铁矿合格率不高的情况，如水分超标、品位下降、粒度不合格等。铁矿石质量是影响钢铁生产的重要因素，特别是执行精料方针的铁矿石入炉品位，品位降低就意味着钢铁生产物料消耗的增加。长期以来，日本通过生产实践确定了高品位铁矿石的进口政策，而铁矿石生产巨头们也不得不按照日本提出的要求进行生产供应。但目前我国还没有这样的进口标准，使得我国进口铁矿石的品质越来越差。在"一带一路"的新进口环境下，我国应迅速建立铁矿石进口标准，对进口铁矿石实行统一管理，由此为切入点，逐步改变我国铁矿石进口标准缺失的状态。

四、应对国际铁矿石不公正贸易秩序的建议

国内进口铁矿石贸易企业是国际铁矿石垄断巨头的天然盟友，特别是在当前国际铁矿石交易长协机制破裂、现货交易、指数定价的机制下，铁矿石巨头要想操控现货市场价格，必须通过铁矿石进口贸易商来实现。因此，在"一带一路"的新贸易环境下必须采取有效措施杜绝上述现象的发生。"一带一路"背景下，站在维护中国产业和经济安全的战略高度，规范进口铁矿石贸易秩序对于保障中国铁矿石资源供应安全意义十分重大，主要建议为：第一，严格推行进口铁矿石代理制，规范进口铁矿石流向，逐步减少直至取消非用铁矿石贸易企业的进口铁矿石资质，防止纯粹的市场炒作，扰乱市场秩序。第二，禁止审批国外矿山企业对中国沿海沿江港口的控制性投资，防止国际铁矿石巨头通过港口直接控制中国的现货供应量，并以此来操控现货价格。第三，限制进口铁矿石流向淘汰落后的钢铁产能，这样既能防止贸易商炒作铁矿石现货市场价格，又能通过铁矿石资源淘汰钢铁落后产能。

第四节 小结

　　本章探讨了"一带一路"背景下中国铁矿石产能国际合作的安全布局战略。"一带一路"背景下中国铁矿石供应安全的意义在于：稳定宏观经济的发展、稳定钢铁产业的发展、稳定钢铁上下游产业的发展。中国铁矿石资源供应安全战略包括：国内铁矿石资源开发战略、海外铁矿石资源开发战略、铁矿石替代资源发展战略、铁矿石资源储备战略。"一带一路"背景下中国铁矿石供应安全的策略包括：积极应对国际铁矿石垄断化趋势、加强对国际铁矿石金融化趋势的应对、不断严格化国际铁矿石出口标准、逐步改变国际铁矿石的不公正贸易秩序。

Chapter Eight

结　论

第一节 主要成果与认识

我国是一个发展中大国，在国民经济的快速发展过程中对铁矿石的进口具有较大的需求。同时，铁矿石的进口安全直接关系到我国的国民经济发展稳定，加强铁矿石进口安全体系建设具有现实战略意义。在"一带一路"的发展背景下，中国加强对其他国家之间的铁矿石产能合作，一方面是推动"一带一路"经济发展带的必然需求，另一方面是实现多方利益最大化的现实举措。本书探讨了"一带一路"背景下的铁矿石产能国际合作问题，通过本书的研究得出以下结论：

第一，通过对当前中国宏观经济的发展现状与未来趋势的综合分析认为：我国的宏观经济整体上保持着平稳的发展态势，当前与预期期内都保持着较好的发展形势，宏观经济的稳定持续发展为"一带一路"沿线国家开展铁矿石产能合作提供了优越的经济环境。

第二，我国与"一带一路"沿线国家开展铁矿石产能国际合作具有紧迫性。基于 Verhulst 模型的分析，我国钢材需求量的峰值将在 2022 年达到 9.27×10^4 万吨。结合世界钢铁协会（2020）的预测数据，未来 5 年，中国钢铁消费市场约在 9.71 亿~11.32 亿吨。根据 GM（1，1）模型预测可知，到 2025 年中国的铁矿石资源进口量约为 20.26 亿吨。从这一预测数据可知我国当前的钢材消费量还未达到最大峰值，因此，可以判断的是在未来的一段时间内随着我国经济持续发展、对外钢材（钢材相关制品）产品出口规模的持续扩大，我国的钢材需求量存在进一步上升的趋势。由此也必然带来对铁矿石需求量的增加，从而对我国的铁矿石供应形成一定的压力。受到我国铁矿石品位较低等因素的限制，我国的铁矿石国内生产供给量与市场需求量之间还存在一定的矛盾，在此背景下，进口铁矿石资源成为解决我国铁矿石供给不足的关键性解决方式。

第三，我国与"一带一路"沿线国家开展铁矿石产能国际合作具有必要性。通过对"一带一路"背景下中外铁矿石资源储量与相关开发政策综合分析认为：我国铁矿石资源十分"短缺"，由此也产生了巨大的进口需求，在相关政策上我国也实施了鼓励铁矿石勘探、开采技术创新与加强对外进口等一系列政策。"一带一路"沿线国家的铁矿石资源整体储量较大，同时，"一带一路"沿线国家对于铁矿石资源的开发与出口整体上以认可或鼓励态度为主，由此能够为推动"一带一路"沿线国家铁矿石资源贸易活动的开展创造有利的条件。

第四，我国与"一带一路"沿线国家开展铁矿石产能国际合作具有可行性。通过分析"一带一路"背景下铁矿石产能国际合作的效益表明：在"一带一路"倡议合作框架下，中国与"一带一路"沿线国家铁矿石出口国进行铁矿石国际产能合作，利弊并存，但对各方而言，铁矿石国际产能合作的正向效益是主流，负效益较小且能够通过多种方式弱化或规避。因此，从合作的效益层面来分析，各方合作具备现实可行性。

第五，探讨了"一带一路"背景下铁矿石产能国际合作模式的风险问题，研究表明："一带一路"背景下纯进口合作模式的风险整体上处于"一般"，但是偏向"较小"的状态；合资投资进口合作模式的风险整体上处于"一般"且偏向"较小"的状态；风险评价得分小于纯进口模式；海外并购进口合作模式的风险整体上处于"一般"且偏向"较大"的状态，风险评价得分大于纯进口模式与合资投资进口合作模式。

第六，提出了中国铁矿石资源供应安全战略，包括：国内铁矿石资源开发战略、海外铁矿石资源开发战略、铁矿石替代资源发展战略、铁矿石资源储备战略。"一带一路"背景下中国铁矿石供应安全的策略包括：积极应对国际铁矿石垄断化趋势、加强对国际铁矿石金融化趋势的应对、不断严格国际铁矿石出口标准、逐步改变国际铁矿石的不公正贸易秩序。

第二节 创新点

第一，针对"一带一路"背景下铁矿石产能国际合作问题进行了深入系统的研究，通过进行铁矿石产能国际合作的理论创新与实证研究，构建了"一带一路"背景下铁矿石产能国际合作的理论体系，为"一带一路"背景下其他类似的矿产资源产能国际合作研究提供了有益的借鉴。

第二，提出了将灰色理论、产业经济学和宏观经济学三者有机结合的钢铁需求量复合预测方法。并在预测研究中解决了仅利用历史数据来预测未来而导致预测结果失真的问题。提出了用与钢铁消耗更为密切相关的第一、第二产业生产总值代替国内生产总值（GDP）进行预测的方法，使得预测更为精准。

第三，建立了基于"三合一"复合预测方法的钢铁需求预测模型，并提出了不同合作模式下的风险评价体系和评价方法。分类建立了风险评价模型，并对不同合作模式的风险进行了评级，给出了不同合作模式的风险指数。

第四，建立了"一带一路"背景下铁矿石产能国际合作的投资模型。揭示了不同大类铁矿石销售价格、蕴含风险以及内在采购使用价值之间的基本均衡关系，探索了"一带一路"沿线国家铁矿石开采的价值评价体系和评价方法，构建了投资评价模型，通过实证，给出了投资评价系数，为"一带一路"背景下铁矿石产能国际合作提供了参考依据。

第五，系统地提出"一带一路"背景下保障中国铁矿石供应安全的国内铁矿石资源开发、海外铁矿石投资、铁矿石资源储备和铁矿石物流等战略，并提出了应对国际铁矿石垄断化、金融化等威胁的战略措施，以及加快铁矿石产能国际合作、开发国内铁矿石资源、提高二次铁矿石资源利用等方面的政策建议。

第三节　问题与展望

我国经济的发展使得铁矿石进口安全问题的研究变得越来越具有现实价值，而在"一带一路"背景下开展铁矿石产能的国际合作更具有时代意义与国家发展战略意义。但是，在本书的研究过程中受到研究时间、专业能力、数据丰富性以及实践经验等多重因素的影响。在研究中还存在如下问题：

第一，预测系统的精度性问题。在本书的研究中，虽然创新性地提出了钢铁需求量复合预测模型，但由于铁矿石进口需求预测本身是一个十分复杂的系统，因此在预测精度及实际匹配度上可能还存在一定的不足。由此，可能会影响本书分析的全面性及后续问题研究的客观性，影响了研究结论的科学性与客观性。

第二，资料收集的局限性问题。对"一带一路"沿线国家的铁矿石资源储量、资源环境、开发政策、出口数据的收集尚不充分，导致具体的分析缺乏足够的全面性与客观性，对分析结果形成了一定的影响。例如，在分析俄罗斯与我国的铁矿石产能合作时，由于缺乏详细的俄罗斯铁矿石生产数据，使得相关产能合作分析难以深入与定量化，研究的定性成分较多而缺乏定量分析。

第三，我国尚未与"一带一路"沿线国家开展大规模的铁矿石产能国际合作，因而使得本书的研究暂时缺乏实证。由于缺乏实证检验，使得本书的实践应用价值暂时难以体现，相关修改完善工作也因缺乏实践数据而难以全面、客观地推进。

"一带一路"背景下中国与沿线国家在铁矿石产能上具有广泛

的合作基础。从合作的效益层面来分析，各方合作具备现实必要性与可行性。因此，展望未来，基于各方的利益最大化追求，"一带一路"背景下中国与沿线国家在铁矿石产能合作上具有较好的前景，未来的合作充满希望。

参考文献

[1] Asongu A S, Minkeng G A. The Economic Consequences of China-Africa Relations: Debunking Myths in the Debate [J]. Journal of Chinese Economic and Business Studies, 2013, 11 (4): 106-110.

[2] Babri S, Jarnsten K, Viertel M. Application of Gravity Models with a Fixed Component in the International Trade Flows of Coal, Iron Ore and Crude Oil [J]. Maritime Economics & Logistics, 2017, 19 (2): 334-351.

[3] Bhattacharyya S. Comprehending the Changing Global Iron Ore Trade Service System and the Dynamics of Pricing [J]. International Journal of Business & Globalisation, 2012, 9 (1): 70-89.

[4] Chen F, Zhu Y, Ding Y, et al. A Study of Iron Ore Trade from Perspective of Modified H-O Model [J]. Journal of Shandong University of Finance & Economics, 2015, 17 (5): 44-47.

[5] Chin-TSai Lin, Meng-Chuan Tsai. Location Choice for Direct Foreign Investment in New Hospitals in China by Using ANP and TOPSIS [J]. Quality & Quantity, 2010, 44 (2): 182-189.

[6] Coase R H. Nature of the firm [J]. The Firm, the Market, and the Law, 1937, 4 (16): 386-405.

[7] Collados, Cecilia, Duane, Timothy P. Natural Capital and Quality of Life: A Model for Evaluating the Sustainability of Alternative Regional Development Paths [J]. Ecological Economics, 1999, 15 (30): 441-460.

［8］ Dieter D Genske. Urban Land Degradation Investigation Remediation ［J］. Berlin: SPringe-verlagBerlin Heidelberg, 2003, 47 (12): 55-60.

［9］ Dst L. China Growth and It's Impact on Resource Demand and The Iron Ore Trade ［J］. Eaber Working Papers, 2012, 19 (6): 70-79.

［10］ Eric Harwit. Chinese and JapaneseInvestment in Southeast and South Asia: Case Studies of the Electronics and Automobile Industries ［J］. The Pacific Review, 2013, 26 (4): 288-291.

［11］ Gallagher X, Porzecanski Y. An Analysis of Measuring Market Power in the International Iron Ore Trade ［J］. Journal of Interdisciplinary Mathematics, 2017, 20 (3): 749-759.

［12］ Hao Huang, Yehua Dennis Wei. Intra—metropolitan Location of Foreign Direct Investment in Wuhan, China: Institution, Urban Structure, and Accessibility ［J］. Applied Geography, 2012, 47 (2): 18-88.

［13］ Horák D, Pustovyy V I, Babinskyi A V, et al. EnhancedAntitumor Activity of Surface-modified Iron Oxide Nanoparticles and an Tocopherol Derivative in a Rat Model of Mammary Gland Carcinosarcoma ［J］. International Journal of Nanomedicine, 2017, 12 (14): 4257-4268.

［14］ Hurst L. West and Central African Iron Ore : A Lesson in the Contestability of the Iron Ore Market ［J］. Trade Working Papers, 2012.

［15］ Jeremy B Fox, Joan M Donohue, Jinpei Wu Beyond the Image of Foreign Direct Investment in China: Where Ethics Meets Public Relations ［J］. Journal of Business Ethics, 2005, 56 (4): 3-7.

［16］ John H, Bra db ury, et al. Winding Down in a Quebec Mining Town: A Case Study of Schefferville ［J］. The Canadian Geographer, 1983, 27 (2): 128-144.

［17］ Kamin J H. Theory Series ‖ Optimal Portfolio Revision with a

Proportional Transaction Cost [J]. Management Science, 1975, 21 (11): 1263-1271.

[18] Kate Barclay, Graeme Smith. Introduction: The Interna-tional Politics of Resources [J]. Asian Studies Review, 2018, 37 (2): 17-20.

[19] Kirk W. China's Emergence as the World's Leading Iron-ore-consuming Country [J]. Minerals & Energy-Raw Materials Report, 2004, 19 (2): 16-27.

[20] Lundmark R. Analysis and Projection of Global Iron Ore Trade: A Panel Data Gravity Model Approach [J]. Mineral Economics, 2018, 31 (1-2): 181-202.

[21] Mark P Dallas. Manufacturing Paradoxes: Foreign Ownership, Governance, and Value Chains in China's Light Industries [J]. World Development, 2014, 7 (3): 47-62.

[22] Marsh B. Continuity and Deeline in the Anthracitetowns of Permsylvania [J]. Annals of the Assoeiation of American Geogra Phers, 1987, 77 (3): 337-352.

[23] Menzie D Chinn, Hiro Ito. A New Measure of Financial Openness [J]. Journal of Comparative Policy Analysis Research & Practice, 2008, 10 (3): 309-322.

[24] Mudd. G M. The Environmental Sustainability of Mining in Australia: Key Mega-trends and Looming Constraints [J]. Resources Policy, 2010, 35 (2): 98-115.

[25] Niu WenYuan, W M Harris. China: The Forecast of its Environmental Situation in the 21st Centurys [J]. Journal of Environmental Management, 1996 (47): 101-114.

[26] Niuwy. The Forecast of its Environmental Situation in the 21st Centuryo [J]. Journal of Environmental Management, 1996, 27 (47): 101-114.

[27] Olle Stensson. Luke Chan, Keqiang Hou, Xing Li, Dean C. Mountain. Foreign direct investment and its Determinants: A Re-

gional Panel Causality Analysis ［J］. Quarterly Review of Economics and Finance, 2015, 7（4）: 17-20.

［28］ Peter J Buckley, Jeremy Clegg, Ping Zheng, Pamela A. Siler, Gianluigi Giorgioni. The Impact of Foreign Direct Investment on the Productivity of China's Automotive Industry ［J］. Management International Review, 2007, 47（5）: 198-192.

［29］ Ross D, Usher P. From the Roots Up: Economic Development as if Community Mattered ［M］. Boostrap Press, 1986: 55-68.

［30］ Storper Duncan. The Transition to Flexible specialization in Industry ［J］. Cambridge Journal of Econmincs. 1989, 33（8）: 273-305.

［31］ Wilson J D. Chinese Resource Security Policies and the Restructuring of the Asia-Pacific Iron Ore Market ［J］. Resources Policy, 2017, 37（3）: 331-339.

［32］ Yahav A, Kaplinsky C, Glatstein M M, et al. Syrup versus Drops of Iron Ⅲ Hydroxide Polymaltose in the Treatment of Iron Deficiency Anemia of Infancy ［J］. Open Journal of Pediatrics, 2015, 5（1）: 34-38.

［33］ Yuefang Si, Ingo Liefner, Tao Wang. Foreign Direct Investment with Chinese Characteristics: A Middle Path Between Ownership-Location-Internalization Model and Linkage-Leverage-Learning Model ［J］. Chinese Geographical Scie-nce, 2013, 23（5）: 47-51.

［34］ 埃林. 借助新丝绸之路最终成为世界大国 ［N］. 世界报, 2015-03-30.

［35］ 彼得·阿卡波夫. 中国用"丝绸之路"将欧洲与俄罗斯连在一起 ［N］. 观点报, 2015-04-03.

［36］ 常世凤, 杨宁. 世界铁矿石资源的现状与我国铁矿石供需的经济学分析 ［J］. 东方企业文化, 2012（4）: 104-106.

［37］ 陈安, 赵曦. 中部六省市域经济发展时空差异演变研究 ［J］. 华中师范大学学报（自然科学版）, 2015, 49（5）: 778-785+791.

［38］陈安．中部地区市域经济发展的时空差异演变研究［D］．武汉大学，2017.

［39］陈芳，栾海庆．基于灰色模型的我国铁矿石需求量预测分析［J］．郑州航空工业管理学院学报，2014（6）：39-42.

［40］陈芳，朱延福．日本铁矿石资源战略模式对我国的启示［J］．郑州航空工业管理学院学报，2014（1）：38-42.

［41］陈继红，孟威，陈飞儿，等．基于灰色关联的沿海铁矿石港口物流发展绩效评估与应用［J］．数学的实践与认识，2015（23）：120-128.

［42］程继川，杜立辉．中国钢铁企业生产率指标实证分析［J］．工业技术经济，2010（10）：93-95.

［43］程欣，帅传敏，严良，等．中国铁矿石进口市场集中度及其动态影响因素分析［J］．武汉理工大学学报（社会科学版），2015（4）：643-649.

［44］程欣，帅传敏，严良，等．中国铁矿石进口市场结构与需求价格弹性分析［J］．资源科学，2014（9）：1915-1924.

［45］戴维·H.罗森布鲁姆．公共行政学、管理、政治和法律的途径（第五版）［M］．张成福译，北京：中国人民大学出版社，2002.

［46］邓超，袁倩．基于VAR模型的铁矿石国际定价权研究［J］．统计与决策，2016（9）：162-164.

［47］邓聚龙．灰色理论基础［M］．武汉：华中科技大学出版社，2002.

［48］冯建雄，吴建杰，罗风兰，等．河北矿产资源储量管理手册［M］．北京：地质出版社，2007.

［49］高陆洋．我国铁矿石进口贸易现状分析［J］．现代商业，2013（25）：94-95.

［50］顾琳，黎敬涛．基于供需曲线运动轨迹的铁矿石价格预测［J］．价值工程，2016（11）：76-79.

［51］郭华，张天柱．中国钢铁与铁矿石资源需求预测［J］．

金属矿山，2012，41（1）：5-9.

[52] 郝梅玲. 我国港口铁矿石物流发展模式及优化建议 [J]. 海峡科学，2014（5）：52-53+58.

[53] 郝晓晴，安海忠，陈玉蓉，高湘昀. 基于复杂网络的国际铁矿石贸易演变规律研究 [J]. 经济地理，2013（1）：92-97.

[54] 何建华，严良，李素峰. 中国铁矿石进口来源国集中度分析及对策研究 [J]. 中国国土资源经济，2015（2）：43-46.

[55] 何晓清. 我国应对铁矿石贸易损失的策略 [J]. 经济纵横，2013（7）：95-98.

[56] 胡振华，李力培. 基于 VAR 模型的海运指数波动对我国进口铁矿石价格的影响 [J]. 江西社会科学，2015（2）：52-57.

[57] 霍咚梅，管志杰. 我国钢材出口现状及发展趋势研究 [J]. 冶金经济与管理，2017（3）：18-19.

[58] 贾立文，徐德义. 区域经济、城镇化对铁矿石需求的影响研究——基于 27 国样本 [J]. 资源科学，2016（1）：144-154.

[59] 贾立文，徐德义. 铁矿石需求分析预测能力多模型比较研究——面板模型与灰色模型、协整模型、ARIMA 模型 [J]. 资源科学，2014（7）：1382-1391.

[60] 李平，娄峰，王宏伟. 2016—2035 年中国经济总量及其结构分析预测 [J]. 中国工程科学，2017，19（1）：13-20.

[61] 李想，黄德林，张婧. 我国在铁矿石贸易中丧失定价权的原因和解决办法 [J]. 中国国土资源经济，2014（7）：27-31.

[62] 刘春长. 我国铁矿石供需态势分析与国际定价权争取策略研究 [J]. 宏观经济研究，2011（12）：41-48.

[63] 刘大文. "一带一路"地质调查工作刍议 [J]. 中国地质，2015（4）：819-827.

[64] 刘树臣，崔荣国，马建明，等. 2010 年我国矿产资源回顾及展望 [J]. 国土资源情报，2011（2）：2-5.

[65] 牟小刚，马杰. 我国铁矿石进口价格形成机制的经济学分析及对钢铁行业的启示 [J]. 中国矿业，2014（3）：49-52.

[66] 片峰，栾维新，孙战秀，杜利楠，王辉. 基于铁路距离的环渤海铁矿石中转港腹地划分 [J]. 经济地理，2015（4）：99-107.

[67] 蒲勇健. 金融挤兑的一种博弈论模型描述与贝叶斯纳什均衡的唯一性 [J]. 管理工程学报，2005，19（2）：86-92.

[68] 钱进，王庭东. "一带一路"倡议、东道国制度与中国的对外直接投资——基于动态面板数据 GMM 的经验考量 [J]. 国际贸易问题，2019（3）：101-114.

[69] 邱廷省，张卫星，方夕辉，等. 铁矿石阳离子反浮选技术研究进展及应用现状 [J]. 金属矿山，2012（2）：89-93.

[70] 邱廷省，赵冠飞，朱冬梅，杨云，张宝红. 含硫铁矿石脱硫技术研究现状 [J]. 矿山机械，2013（3）：12-16.

[71] 邱语，刘春学，马建. "一带一路"沿线国家铁矿石贸易的空间结构及影响因素研究 [J]. 中国矿业，2019，28（11）：35-40.

[72] 任雅婷，曹生国，刘栋. 灰色预测模型在山东省粮食自给率预测上的应用 [J]. 江西农业学报，2017，29（2）：119-123.

[73] 容静，文鸿雁，周吕. 一种改进灰色预测模型在变形预测中的应用 [J]. 测绘科学，2017，42（3）：35-38.

[74] 石秀华，万瑒. 基于市场结构与市场势力视角的铁矿石市场研究 [J]. 金属矿山，2014（7）：56-60.

[75] 司晓悦，娄成武. 关于提升我国铁矿资源对外谈判定价权的思考 [J]. 金属矿山，2006（12）：1-3.

[76] 孙雷. 主成分分析法和模糊综合分析法在水质评价中的实例比较 [J]. 环境科学与管理，2011，36（8）：178-181.

[77] 田玉军，朱吉双，马国霞，李鲁宁. 国际铁矿石定价机制改变与我国铁矿石进口量变化的实证分析 [J]. 自然资源学报，2012（9）：1490-1496.

[78] 田祖海，李穗嘉. 中国铁矿石进口价格波动因素的实证分析 [J]. 武汉金融，2012（2）：52-54.

[79] 汪五一，滕蔚然，刘鹏. 中国大宗商品金融属性的强化

及价格指数研究——以进口铁矿石金融属性强化作为案例分析[J]. 学术研究，2014（3）：70-75+160.

［80］王安建，王高尚. 矿产资源与国家经济发展［M］. 北京：地震出版社，2002.

［81］王赓武. "一带一路"旨在抗衡美国海上影响力［N］. 海峡时报，2015-08-01.

［82］王骏，杨波，余子鹏. 中国铁矿石供需战略分析［J］. 经济学家，2005（4）：40-46.

［83］王林彬. 国际法内在"合法性"的经济分析——以交易成本理论分析为视角［J］. 法学评论，2011（1）：101-105.

［84］王庆新，熊艳，朱本杰，陶明海. 全球铁矿石贸易格局演变及对中国矿业发展启示［J］. 中国国土资源经济，2016（6）：43-49.

［85］王文. 国外矿产勘探实例分析及政策研究［M］. 北京：中国大地出版社，2004.

［86］王应贵，李自敏. 资源性货币汇率对我国铁矿石进口价格的影响分析［J］. 国际商务（对外经济贸易大学学报），2013（1）：76-84.

［87］王正新，党耀国，刘思峰. 无偏灰色 Verhulst 模型及其应用［J］. 系统工程理论与实践，2009，29（10）：138-144.

［88］王志明，朱淑珍. 我国铁矿石定价机制研究与对策——基于产融结合的视角［J］. 价格理论与实践，2014（3）：119-120.

［89］魏浩，毛日昇，张二震. 中国制成品出口比较优势及贸易结构分析［J］. 世界经济，2005（2）：21-33.

［90］伍景琼，蒲云，伍锦群. 钢铁企业进口铁矿石价格影响因素强度及对策研究［J］. 经济问题探索，2012（3）：93-97.

［91］小岛清，周宝廉. 对外贸易论［M］. 天津：南开大学出版社，1987.

［92］肖黎明. 中国境外投资与国家经济利益［M］. 北京：

经济科学出版社，2007.

［93］肖明，崔超，郑珩. 我国铁矿石期货价格与现货价格的波动分析［J］. 价格理论与实践，2014（9）：89-91.

［94］熊锡鸿. 卖方市场寡头垄断条件下的国际铁矿石价格形成机制研究［J］. 对外经贸，2013（8）：23-26.

［95］徐斌. 国际铁矿石贸易格局的社会网络分析［J］. 经济地理，2015（10）：123-129.

［96］徐斌. 国际铁矿石贸易市场势力测度分析［J］. 经济问题探索，2016（10）：73-79.

［97］徐斌. 铁矿石国际定价权的测度分析及对我国的启示［J］. 价格理论与实践，2015（2）：75-77+90.

［98］徐斌. 中国铁矿石进口价格波动影响因素的实证研究［J］. 经济问题探索，2014（7）：171-177.

［99］徐雪. FDI 在中国的区位选择——对 FDI 地区不平衡的实证分析［J］. 贵州财经学院学报，2010（1）：11-16.

［100］徐志红，徐斌. 影响中国进口铁矿石价格波动的因素分析［J］. 价格月刊，2014（7）：10-14.

［101］严筱，陈莲芳，严良，等. 基于 PSR 模型的我国重要矿产资源安全评价［J］. 中国矿业，2016，25（1）：43-49.

［102］阎学通. 中国国家利益分析［M］. 天津：天津人民出版社，1997.

［103］阎学通. 中国学者看世界之国家安全卷［M］. 北京：新世界出版社，2007.

［104］叶海燕，李锦. 我国进口铁矿石价格影响因素的分析［J］. 经济问题探索，2012（10）：119-122+155.

［105］叶卉，张忠义，应海松. 铁矿石资源的战略研究［M］. 北京：冶金工业出版社，2009.

［106］尤里·塔夫罗夫斯基. 丝绸之路重返世界地图［N］. 独立报，2014-09-01.

［107］于慧. 基于 GSADF 模型的铁矿石价格波动实证研究

[J]. 工业经济论坛，2016，3（2）：180-187.

[108] 于左，闫自信，彭树宏. 中国进口铁矿石定价权缺失与反垄断政策 [J]. 财经问题研究，2015（12）：30-37.

[109] 张斌. FDI与东道国相关理论综述 [J]. 黑龙江对外经贸，2006（2）：10-12.

[110] 张翊. 全球铁矿石定价机制的演变历程和博弈分析 [J]. 价格月刊，2015（2）：4-7.

[111] 张晶. 国际铁矿石价格变动对我国钢铁产业的影响 [J]. 生产力研究，2013（4）：150-151+155.

[112] 张梦天，王成金，王成龙. 中国港口铁矿石运输的空间格局及演化 [J]. 经济地理，2016（8）：99-105.

[113] 张平，杨耀武. 当前中国宏观经济形势研判 [J]. 中国经济报告，2020，118（2）：6-18.

[114] 张琦. 我国钢材出口贸易影响因素及潜力分析 [D]. 首都经济贸易大学，2016.

[115] 张帅，连民杰. 2016年铁矿石价格影响因素分析及未来价格走势预测 [J]. 中国矿业，2017，26（6）：1-5.

[116] 张文木. 世界地缘政治中的中国国家安全利益分析 [M]. 济南：山东人民出版社，2004.

[117] 张艳飞，陈其慎，于汶加，等. 2015-2040年全球铁矿石供需趋势分析 [J]. 资源科学，2015（5）：921-932.

[118] 张艳飞，王高尚，陈其慎，等. 我国铁矿石期货市场未来趋势浅析 [J]. 中国矿业，2013（11）：9-12.

[119] 张以诚. 但问路在何方——矿业城市理论与实践 [M]. 北京：中国大地出版社，2005.

[120] 赵洪宇，李玉环，宋强，等. 外加铁矿石对哈密低阶煤热解特性影响 [J]. 燃料化学学报，2016（2）：154-161.

[121] 赵英，李海舰. 大国之途——21世纪初的中国经济安全 [M]. 昆明：云南人民出版社，2006.

[122] 中华人民共和国海关总署. 中国海关统计年鉴 [M].

北京：中国海关出版社，2013.

［123］钟代立，胡振华."后长协时代"中国铁矿石国际贸易市场势力实证研究［J］.系统工程，2017（1）：77-84.

［124］朱炳元.全球化与中国国家利益［M］.北京：人民出版社，2004.

［125］朱灏，全继业.铁矿石国际贸易价格机制及调控策略研究［J］.中国软科学，2012（3）：49-59.

［126］朱永光，徐德义，成金华，等.国际铁矿石贸易空间互动过程及中国进口策略分析［J］.资源科学，2017，39（4）：664-677.

附　录

附录 1　"一带一路"沿线国家的整体经济发展指数

序号	国家	收入水平	2017 年		2018 年		2019 年		2020 年	
			指数	排名	指数	排名	指数	排名	指数	排名
1	中国	中高收入	57.99	2	61.71	2	63.73	1	66.56	1
2	卡塔尔	高收入	68.04	1	64.64	1	59.89	2	62.12	2
3	新加坡	高收入	52.43	3	43.73	4	44.64	4	48.18	3
4	阿联酋	高收入	26.06	7	37.98	6	43.33	5	43.53	4
5	土库曼斯坦	中高收入	21.32	19	33.33	11	33.13	16	35.15	13
6	印度	中低收入	31.00	4	31.41	13	33.33	14	36.36	10
7	以色列	高收入	30.08	5	34.95	9	35.96	10	40.00	6
8	沙特阿拉伯	高收入	24.62	10	38.08	5	37.37	7	36.87	8

续表

序号	国家	收入水平	2017年		2018年		2019年		2020年	
			指数	排名	指数	排名	指数	排名	指数	排名
9	巴林	高收入	21.94	14	26.56	25	32.12	17	36.76	9
10	缅甸	中低收入	21.73	16	26.77	22	29.59	24	31.41	23
11	蒙古	中低收入	16.17	40	35.25	8	33.33	15	35.35	11
12	乌兹别克斯坦	中低收入	18.85	31	25.05	31	28.79	28	31.21	28
13	马来西亚	中高收入	22.25	13	26.56	24	30.60	21	32.32	20
14	老挝	中低收入	18.64	32	24.54	35	28.38	33	31.41	24
15	马尔代夫	中高收入	17.30	35	27.27	20	25.05	46	29.80	38
16	斯洛文尼亚	高收入	19.06	28	26.16	26	26.26	41	30.30	32
17	柬埔寨	中低收入	14.63	45	23.43	39	27.47	37	30.30	33
18	菲律宾	中低收入	18.85	30	21.41	49	28.48	30	31.41	25
19	印度尼西亚	中低收入	20.39	23	27.57	19	30.91	19	32.62	18
20	塔吉克斯坦	中低收入	15.35	43	23.74	37	27.67	35	30.20	35
21	哈萨克斯坦	中高收入	21.42	18	28.79	15	30.10	23	34.24	14
22	波兰	高收入	19.78	25	28.58	16	28.58	29	30.81	31
23	越南	中低收入	16.17	38	23.33	40	26.46	40	29.29	40

序号	国家	收入水平	2017年		2018年		2019年		2020年	
			指数	排名	指数	排名	指数	排名	指数	排名
24	孟加拉	中低收入	14.63	44	23.23	41	27.27	38	29.39	39
25	爱沙尼亚	高收入	16.38	37	30.40	14	31.61	18	31.21	37
26	俄罗斯	中高收入	26.06	8	34.74	10	37.88	6	37.67	7
27	阿曼	高收入	22.56	12	22.83	44	34.95	11	33.94	15
28	匈牙利	高收入	13.60	48	23.43	38	23.94	52	30.00	37
29	科威特	高收入	21.12	20	44.64	3	45.55	3	41.81	5
30	土耳其	中高收入	28.12	6	32.32	12	29.29	25	33.53	16
31	立陶宛	高收入	13.80	46	27.67	17	29.29	26	31.92	22
32	伊朗	中高收入	20.91	22	25.25	30	19.49	64	25.25	61
33	斯洛伐克	高收入	21.53	17	26.06	28	28.38	31	31.01	30
34	不丹	中低收入	23.79	11	24.85	33	25.96	42	25.76	59
35	捷克	高收入	19.67	26	27.07	21	27.57	36	30.20	36
36	东帝汶	中低收入	19.67	27	26.06	27	26.66	39	25.86	58
37	斯里兰卡	中低收入	18.95	29	25.96	29	30.30	22	27.67	46
38	尼泊尔	中高收入	12.88	50	19.59	61	25.05	45	27.07	51

续表

序号	国家	收入水平	2017年 指数	2017年 排名	2018年 指数	2018年 排名	2019年 指数	2019年 排名	2020年 指数	2020年 排名
39	格鲁吉亚	中高收入	16.17	39	24.64	34	27.78	34	27.67	45
40	巴基斯坦	中低收入	9.27	59	19.90	58	24.95	47	28.28	43
41	摩尔多瓦	中低收入	16.69	36	23.13	43	20.50	62	33.43	19
42	拉脱维亚	高收入	5.46	64	27.57	18	29.19	27	31.11	29
43	罗马尼亚	中高收入	9.17	60	21.11	52	24.75	48	30.30	34
44	文莱	高收入	24.72	9	35.25	7	36.56	8	35.15	12
45	马其顿	中高收入	12.57	51	20.10	56	21.72	58	27.57	47
46	吉尔吉斯斯坦	中低收入	5.05	65	22.32	46	20.71	61	33.53	17
47	亚美尼亚	中低收入	10.20	56	21.92	47	28.38	32	27.37	49
48	约旦	中高收入	10.92	55	20.10	55	24.54	51	27.37	48
49	也门	中低收入	11.02	54	0.40	65	23.23	56	27.37	48
50	阿塞拜疆	中高收入	15.76	41	18.79	62	25.35	44	31.31	26
51	黎巴嫩	中高收入	21.73	15	21.21	50	25.76	43	26.87	57
52	埃及	中低收入	15.45	42	19.70	60	24.64	49	27.07	52
53	白俄罗斯	中高收入	19.98	24	24.04	36	24.64	50	26.97	55

序号	国家	收入水平	2017 年		2018 年		2019 年		2020 年	
			指数	排名	指数	排名	指数	排名	指数	排名
54	黑山	中高收入	12.26	52	21.82	48	20.30	63	28.79	42
55	保加利亚	中高收入	9.06	62	20.50	53	23.43	53	27.07	53
56	阿尔巴尼亚	中高收入	12.88	49	20.00	57	23.23	55	25.55	60
57	泰国	中高收入	20.91	21	20.30	54	30.81	20	29.09	41
58	克罗地亚	高收入	9.79	58	21.21	51	23.33	54	26.97	54
59	波黑	中高收入	8.76	63	18.48	63	21.21	60	26.87	56
60	阿富汗	低收入	18.23	33	22.32	45	33.94	13	24.95	62
61	叙利亚	中低收入	12.15	53	10.30	64	1.01	65	1.01	65
62	巴勒斯坦	中低收入	9.99	57	24.85	32	34.74	12	20.00	64
63	伊拉克	中高收入	17.82	34	26.66	23	36.56	9	32.22	21
64	塞尔维亚	中高收入	9.06	61	19.80	59	21.61	59	27.78	44
65	乌克兰	中高收入	13.80	47	23.13	42	22.62	57	24.85	63

资料来源：北京师范大学新兴市场研究院发布的"一带一路"沿线国家经济发展测算指数。

177

附录2　各评价指标的专家评价的打分情况

一级指标	三级指标	很严重	较严重	一般	较小	很小
"一带一路"背景下合资投资进口合作模式风险（I₁）	政治风险（A₁₁）	2	2	4	1	1
	经济风险（A₁₂）	1	3	4	2	0
	环境风险（A₁₃）	1	2	5	1	1
	进口方风险（B₁₁）	0	1	5	2	2
	出口方风险（B₁₂）	0	1	5	2	2
	合同风险（B₁₃）	2	3	4	1	0
	交易支付风险（C₁₁）	1	3	5	1	0
	沟通风险（C₁₂）	1	1	5	2	1
	产品质量确定标准风险（C₁₃）	1	3	4	1	0
"一带一路"背景下合资投资进口合作模式风险（I₂）	政治风险（A₂₁）	3	3	4	0	0
	经济风险（A₂₂）	2	2	5	1	0
	环境风险（A₂₃）	1	3	4	1	1
	社会风险（A₂₄）	2	2	4	1	1
	进口方风险（B₂₁）	0	1	4	3	2
	出口方风险（B₂₂）	1	1	4	2	2
	协议风险（B₂₃）	2	2	4	1	1

续表

一级指标	三级指标	很严重	较严重	一般	较小	很小
"一带一路"背景下合资投资进口合作模式风险（I_2）	交易支付设计风险（C_{31}）	1	3	5	1	0
	管理参与能力风险（C_{32}）	1	3	4	1	0
	产品质量确定标准风险（C_{33}）	1	2	5	1	1
	政治风险（A_{31}）	2	3	4	1	0
	经济风险（A_{32}）	2	2	4	1	1
	环境风险（A_{33}）	1	3	5	1	0
	社会风险（A_{34}）	1	3	4	1	1
	战争和内乱风险（A_{35}）	1	2	5	2	1
	对华关系变化风险（A_{36}）	2	2	3	2	1
"一带一路"背景下海外并购进口合作模式（I_3）	国外合作方风险（B_{31}）	1	3	4	1	1
	投资企业经营能力风险（B_{32}）	2	4	3	1	0
	协议风险（B_{33}）	2	3	5	0	0
	交易支付设计风险（C_{31}）	1	2	5	1	1
	管理参与能力风险（C_{32}）	1	3	5	1	0
	产品质量确定标准风险（C_{33}）	2	2	4	2	1
	海外资产安全风险（C_{34}）	2	2	5	1	0